JN302428

災害時における食とその備蓄

東日本大震災を振り返って,首都直下型地震に備える

新潟大学　地域連携フードサイエンスセンター　編

建帛社
KENPAKUSHA

は じ め に

　現代における食は，ただ空腹を満たすためのものではなく，今や人々の生活の質や人生にも影響する非常に重要なものと位置づけられています。新潟大学では，農学，医学，歯学，工学，教育学分野の食品関連研究者により，食産業の活性化を目指して地域連携フードサイエンスセンターを組織し，さまざまな活動を展開しております。お米の加工や米粉の活用から機能性に関する研究，お酒の味や肉の品質，超高圧加工技術や発酵生産技術，また，新食品素材の開発から介護食，食育に至るまで，専門分野の多様な連携を産学官共同により推進しております。

　そうした中で，平成16年（2004年）に新潟県で起きた中越地震を契機として，私ども新潟では，災害とその復興時に私たちの命をつなぐ食はどうあるべきかという議論と研究を続けて参りました。保存や備蓄に重要な非常食はありますが，災害発生時に乳幼児，高齢者，食事制限等の必要な方の食は果して備えられてきたのか？　これまでの研究状況はどうであったのか？　等々について，異分野融合の当センター，新潟県下に1,000社以上がある食品関連企業，また全国の有識者・関係者の方々と課題を掘り下げて参りました。この間，平成19年（2007年）に中越沖地震が発生するなど，幾多の災害が発生いたしました。そして平成23年（2011年）3月11日，不幸にもわが国は想像を絶する東日本大震災に遭い，改めてこの課題が切実なものとして国民一人一人に突きつけられました。首都直下型地震や南海トラフ巨大地震の可能性が示され，このような災害に遭遇したとき，復興への第一の力となるべき食をどのように準備すればよいのか，衆知を集めて冷静に検討すべき時期に至っております。

　平成23年秋，私どもは台東区から区議会 環境・安全安心特別委員会の視察調査を受けるなど，災害時の食という課題に関して有益な交流を続けております。それがきっかけとなり，私たちにとって第2回目となる首都圏でのシンポジウムを平成24年（2012年）秋に台東区で開催させていただきました。本書

は，そのシンポジウムで集約された知見を加えて講演者にご執筆いただいた内容を書籍化したものです。

　本書が，災害時に皆様の命を守る食の準備に，さらには新たな食品開発の一助になりますれば，私どもにとりましてこの上ない喜びであります。

　なお，昨年平成25年（2013年）9月に日本災害食学会を設立し，全国の志を同じくする方々と連携の輪を広げました。今後ともどうぞご支援とご協力をよろしくお願い申し上げます。

　　　平成26年7月

　　　　　　　　　　　　　　新潟大学　地域連携フードサイエンスセンター
　　　　　　　　　　　　　　　　　　　　　　　　　　　　　門脇 基二

目　　次

第1章　震災と食 ― 東日本大震災の経験から
〔服部　佳功〕
1．はじめに……………………………………………………………… 1
2．被災体験で感じた食のありがたさ………………………………… 2
3．避難所における食の安全…………………………………………… 4
4．避難所における食支援……………………………………………… 6
5．被災者の食…………………………………………………………… 8
6．おわりに………………………………………………………………10

第2章　非常食から災害食へ ― 開発と課題
〔別府　茂〕
1．はじめに………………………………………………………………13
2．地震災害と被害………………………………………………………14
　2－1　人的被害……………………………………………………14
　2－2　被災者………………………………………………………15
　2－3　東日本大震災：生活関連情報……………………………16
3．今後の地震と被害想定………………………………………………18
4．災害時の食の役割……………………………………………………19
　4－1　教　訓………………………………………………………19
　4－2　事前の備えと事後の対応…………………………………20
5．被災者のニーズ………………………………………………………21
　5－1　消費者ニーズ………………………………………………21
　5－2　賞味期限の長さ……………………………………………21
6．災害食に関連する新しい動き………………………………………22
　6－1　サイクル利用………………………………………………22

6−2　栄　養……………………………………………………23
　　6−3　ライフラインの代替え…………………………………25
　　　6−3−1　飲料水 …………………………………………25
　　　6−3−2　電気等 …………………………………………25
　7．食品の開発………………………………………………………26
　　7−1　公助のために……………………………………………26
　　7−2　自助のために……………………………………………26
　　7−3　共助のために……………………………………………27
　　7−4　新技術……………………………………………………28
　8．備　え……………………………………………………………29
　　8−1　技術と仕組み……………………………………………29
　　8−2　地　域……………………………………………………29
　　8−3　意識とライフスタイル…………………………………30

第3章　非常食をはじめとする防災備蓄用品の流通のあり方

〔守　茂昭〕

　1．東日本大震災被災地から「循環する非常食」を生み出す試みについて…33
　2．「防災経済」と「余剰生産物」の相性について …………………34
　3．防災倉庫備蓄の限界……………………………………………36
　4．循環させる非常用物資の可能性………………………………38
　5．認識されない「食品としての非常食」…………………………38
　　5−1　賞味期限切れの非常食の処理…………………………40
　6．循環する非常食の登場…………………………………………41
　　6−1　循環する非常食の作製努力……………………………41
　　6−2　おいしい非常食の作製努力……………………………42

第4章　災害食の機能と備え ― 新たな枠組みと制度改革

〔奥田　和子〕

1．はじめに……………………………………………………………………45
2．災害食の機能を問い直す－カンチガイな災害食……………………………46
　2－1　第1段階はスピード感が必要な時期……………………………46
　　2－1－1　発災後1週間以内，大混乱期－しかも余震の多い時期………46
　　2－1－2　すぐ食べられる食べ物とは？……………………………46
　　2－1－3　東京都の備蓄食品はそれにたえられるか…………………48
　　2－1－4　ミスマッチ災害食……………………………………49
　　2－1－5　食料不足……………………………………………50
　　2－1－6　スピード感のある対応例－レスキューフーズ，キッチンカー…51
　　2－1－7　災害食の機能と宿命…………………………………53
　　2－1－8　長期におよぶ災害食－経過時期にふさわしい食べ物を………54
　　2－1－9　まとめ－安政の江戸大地震に学ぶ…………………………54
　2－2　第2段階：救援物資……………………………………………56
　2－3　第3段階：炊き出し……………………………………………57
　　2－3－1　炊き出しが抱える問題………………………………57
　　2－3－2　自衛隊による食事支援………………………………60
　　2－3－3　シダックス方式に学ぶ………………………………60
　　2－3－4　長期間継続・初期対応した企業の例…………………61
　　2－3－5　NPO, NGOの活躍…………………………………62
　　2－3－6　食品を集めて提供するプロジェクトの活躍………………62
　　2－3－7　生協のボランティアの活動…………………………64
　　2－3－8　自給自足の挑戦……………………………………65
　　2－3－9　炊き出し場所の提供…………………………………65
　　2－3－10　首都直下地震で想定されるライフラインの停止……………66
　　2－3－11　炊き出しの問題提起－まとめ………………………67
　2－4　第4段階：災害救助法による食事の提供－抜本改革の必要性…67

3．避難生活者の食事と健康保持 – どうすればよいか……………………73
　3 – 1　理念の欠落………………………………………………………73
　3 – 2　栄養不足状態の回避方法…………………………………………74
4．地縁，血縁，鎖縁 – 人間関係の構築を……………………………………76
5．食料，飲料水の住民備蓄を広げるための「条例」の制定………………78
6．火災に対する備え – 食料と飲料水を無駄にしないため…………………81
7．災害の準備教育………………………………………………………………84
　7 – 1　マチガイだらけの防災教育………………………………………84
　7 – 2　備蓄食品と飲料の選択と購入 – 住民への啓蒙・介助が必要……86
8．提言・まとめ…………………………………………………………………90

第1章　震災と食 ― 東日本大震災の経験から

服部　佳功[*]

1．はじめに

　東日本大震災のことを書くのは難しい。義歯についてならばこれほど悩むことはないのに。震災で被災者はみな何かを体験したには違いないけれど，個々人の体験はあまりに多様であり，歯学部の同じ建物の別の階にいた2人が既に共有できない体験を抱えてしまっている。

　個々の体験があまりに個別的な理由のひとつは，個々の置かれた状況の多様さであろう。ひとくちに被災地といっても，東北地方から北関東にかけて広く太平洋沿岸部に広がるのだし，仙台市内でも中心の市街地と海岸沿いではまるで状況が異なった。1本の道を隔てて右手の家屋は津波で全壊，左手はまるで無事であるとか，軒並み家屋が潰れるなか，何事もなかったかのように建つ無傷の家を見かけて，呆然としたこともあったほどだ。震災の体験が個別的であることが被災者個々の孤立を深めているとさえ感じられた。ある歯科医師は自院のビルで津波に遭い，水が引くまでの1日か2日スタッフとともにそこに閉じ込められた。わずかな食料と水を分けあい衣服を融通しあって寒さを凌いだ。救出され親族を頼って東京に逃れたが，何をどう話しても震災のリアルが伝わらないことに愕然とし，強い孤独を感じた，誰かに話を聞いてもらうことがカタルシスなのだが，とその歯科医師は語った。

　地震で病院は罹災した。当科外来の被害はとりわけ甚だしく，漸く復旧したところを余震に見舞われて，診療業務の停止は都合1カ月半に及んだ。一方，

---

[*]　東北大学大学院歯学研究科口腔機能・形態学講座加齢歯科学分野　教授

自宅にさしたる被害はなかった。電気と水道は日を経ずして復旧したし，都市ガスが開通するまでの1カ月は入浴できずに往生したが，電気ポットで沸かした湯で体を拭き洗髪して過ごした。日用品の供給は滞り，なかんずくガソリン不足が尾を引いたが，仙台での生活も仕事も取り立てて言うほど不自由ではなかった。もし震災後の月日を自宅と職場を往復して過ごしたとしたら，震災の記憶は尋常ならざる揺れの大きさや長さ，その折の恐怖のみにとどまったかもしれない。その日の午後，市内の精神病院に向かう訪問診療車の車中で大きな揺れを感じ，忽ち道路が大渋滞をきたすなか，震度や津波予想を伝えるラジオに耳を傾けながら，職場への帰路を急いだ。古ぼけた大学の建物が倒れずにあり，小雪舞う校庭に同僚の無事な姿を認めたとき，安堵とともに拍子抜けするような感覚を味わったことを記憶する。したたかに腹に堪える経験をしたのは，大学を離れて被災地に出向き，さまざまな人と出会うようになってからであった。いずれも瞥見に過ぎないことは承知のうえで，ここではその幾つかを書き留めることとする。

2．被災体験で感じた食のありがたさ

地震の日，夕暮れ時になっても被害の大きさは伝わらなかった。県内の死者8名との情報から一転，仙台市内の海岸で200名ほどの遺体発見，しかし現地へは近づけず，との報道に衝撃を受けたのは，とっぷり日が暮れ落ちた後だった。被害の一端をまざまざと目にしたのは，さらに数日を経てからである。

福島の電力プラントが制御を失い，最初の水素爆発を起こした翌日，福島・宮城両県の県境に近い地方都市の廃校にいた。校舎が遺体安置所だった。体育館の東半分に数台の手術台をしつらえ，不織布のガウンに身を包んだ医師と警察が検案を行っていた。西半分には移送された遺体が泥にまみれた着衣のままブルーシートに並び，検案を待っていた。投光器が手術台の周りのみを照らす仄暗い体育館にいると靴底から熱が奪われるようだった。遺体は警察の手で着衣を除かれ，洗浄された後，医師の検案を受け，武道場に移されて遺族との対

面を待つ。その武道場で遺体の歯科治療痕などをデンタルチャートに記録するのが歯科医師の仕事であった。ふいに何かを語り出しそうな外傷の1つも見当たらない遺体に黙祷を捧げてから固い口をゆっくりと開け，冷たい口をのぞき込むのである。幼児の脇のビニル袋には山吹色の幼稚園バッグがあった。そのデンタルチャートを記録して間もなく，到着した遺族が幼児を囲んで泣声を上げた。体育館の入り口に戻ったところで警察官がそっと教えてくれた。スコアボードの数字，運ばれてきた人数なんです，と。

　翌々日，スコアボードは440を示していた。遺体は武道場を埋め，校長室と職員室を埋め，教室をも埋め尽くす勢いを見せた。歯科医師が納棺を済ませた遺体に屈み込んでデンタルチャートを記録する傍らで，葬儀社の若い職員が黙々と死化粧に励んでいた。黙礼すると，振り返りざま，もう耐えられませんと言った。

　ふと方丈記を思い出した。「仁和寺に隆暁法印といふ人，かくしつゝ数も知らず死ぬる事を悲しみて，その首の見ゆるごとに額に阿字を書きて縁を結ばしむるわざをなむせられける。人數を知らむとて四五兩月を數へたりければ，京のうち一條よりは南，九條より北，京極よりは西，朱雀よりは東の路のほとりなる頭すべて四萬二千三百餘りなんありける。」梵字の阿は胎蔵界大日の種子である。京の街路に高僧がひとり，飢饉で打ち捨てられた餓死者の額に阿字を記して仏との縁を結ぶ行を続けている。1人，2人，と数えながら。そして2カ月，人数はついに4万2,300人に及んだ。そういう話である。その行為の恐ろしさが不意に実感できたように思った。高僧はもう耐えられませんとは仰らなかっただろうか，圧倒的な数の死に臨んでなお慈悲の心を保たれただろうか，と。遺体安置所で目にする膨大な死は日常からあまりに掛け離れた光景であった。生き別れた肉親を探して避難所や遺体安置所を巡り歩く人々は，疲労と不安のさなかにこの非日常の光景を目にするのである。彼らの心中去来するものを想って慄然とした。

　冷えきった心と体を抱えて大学に戻ると，おむすびと味噌汁が用意されていた。学部に届けられた多くの救難物資のなかに新潟大からの米があった。米は

留守番の教職員の手で炊かれ，おむすびに握られ，外勤部隊の持参する昼食や帰還後の夜食に供せられたのだった。食べるラー油をまぶした温かなおむすびを頬張っていると，食事の功徳とでも言おうか，こわばった心が解けてゆくようで，不意に涙ぐみそうになった。避難所の疲れた被災者は炊き出しのおむすびに束の間の安堵を感じたことだろう。ひとは食べなければ生きられない。食の満足は生きるという営みの報酬であり，駆動力なのである。

3．避難所における食の安全

　デンタルチャート記録では現地への移動に警察車輌が利用できたが，歯科医療救護活動の移動手段は自身で用意しなければならない。問題は払底するガソリンの入手であった。それは大学教職員の自家用車が県警から緊急車輌の認定を受け，緊急車輌専用スタンドが利用できるようになったことで解決したが，それでも大学からの歯科医療チームの派遣は発災から11日を待たねばならなかった。

　活動を始めると忽ちさまざまな問題が露呈した。県北の医療圏では医科チームが組織だった医療支援を実施しており，当初それへの帯同を試みたが，チーム数が絶対的に不足していた。チーム数は訪問診療用機材の数の制約を受けざるを得ない。さればと医科チームに歯科関連のアセスメントを依頼し，ニーズを見極めて派遣先を決めようと試みたが，事前に歯科の訪問を避難所に通知しても避難者には十分周知されず，いざ訪ねると対象者が不在などの事態が多発した。加えて医科と歯科の受療率には概ね1桁の違いがあり，医科が10人に1人ならば歯科は100人に1人である。阪神の震災でも避難所の歯科ニーズは避難者の概ね1％と報じられていた。数十名規模の避難所を大荷物を携えて巡回し，数名に応急処置を行うのは効率の良い方法とはいえなかった。最大の問題は情報を集約してチームを采配するコーディネーターの不在であった。県歯科医師会は各地の歯科ニーズや派遣チームの動向把握に努めたが，歯科医師会と行政のいずれとも連絡をもたず独自に活動するチームが少なからずいて，と

きには 2 チームが避難所で鉢合わせした。日中，避難所に残るのは多くは子どもと高齢者である。日替わりで歯科医師の訪問を受けるのではさぞ有難迷惑に違いない。

　こと避難所の食に関して深刻な問題といえば，食の安全に関する情報共有や関連職種間の連携の不足であった。避難所毎に状況は大いに異なりはしたが，現場の管理スタッフは避難者に関してかなりの情報を集めていた。避難者のアセスメントには食の項目があり，食物アレルギー，食品と服用薬との相互作用，糖尿病など療養上の問題に起因する食事制限の有無と内容，普段の食事形態などを聴取することになっていた。災害食の献立をどうするかや，提供形態，つまり小さく刻むかペーストにするかとろみをつけるかなどの選択に直結する情報だから，そこに看護師や栄養士がいればそれら職種間では共有されたようだった。しかしこちらから問いかけなければ巡回の歯科医師にはまず伝えられなかった。他の職種にはどうなのだろうと，方々で情報が避難者の食にどう活かされるかを尋ねたが，明瞭な返事は得られなかった。

　現状はたとえばこうであった。配布されるおむすびが食べられない。ご飯と海苔を分けて包んだおむすびは食べる直前に海苔巻きにするから，海苔の香りやぱりっとした食感が楽しめるだけでなく，義歯でも難なく食せる。だが握ってすぐに海苔巻きにしたおむすびは食べる頃には海苔が湿って破れにくくなり，こうなると不出来な義歯は歯がたたない。どういうわけかこうしたおむすびがしばしば供されたようで，どうにも食べられない，手で千切って食べるにも食べにくいという愁訴を方々で耳にした。唾液分泌が低下した高齢者にはパンは嚥下しにくい食品である。これも食べにくい，食べられないという声をよく耳にした。また，こんな時だからと塩分の多い普通食を黙って摂取する糖尿病患者がいた。食品アレルギーについては避難者の自己管理に委ねていると答えた管理側のスタッフがいた。発災直後の急性期も亜急性期も過ぎ，すっかり慢性期に入ってなおそうした状況だった。

　食に関する特別なニーズ，裏返せばリスクを抱えた避難者への対応は，個々人のニーズの把握，共有，活用のプロセスで実現され，食の安全が高められ

る。このプロセスが円滑に機能することで，関連する個人，集団，組織の間に相互理解が促され，信頼関係も構築される。そうした現場では食支援に限らず自助，共助，公助の仕組みが十分に活用され，それなりに豊かな共同生活が立ち現われているかに見えた。反対にこのプロセスが硬直化した現場では，個々のニーズに応じた柔軟な対応は望むべくもなく，食の問題もコストや人手の問題に収斂してゆくようであった。

　総じて食にかかわる問題の相談先は主として栄養士もしくは看護師のようで，歯科医師にあるのは震災後に喧伝された誤嚥性肺炎に関する相談か，義歯があたって痛いなど歯科の訴えのみといってよいほどだった。歯科医師にいわせれば食に関してももう少しお役に立てることがあるのである。具体的には咀嚼能力や嚥下能力に見合った食形態をアドバイスできるし，嚥下の問題を抱える方には食事環境をどう整え，どのような姿勢をとればより安全に食事ができるかを一緒に考え，工夫できる。そうした活用のされ方の代わりにたとえば歯磨き剤を所望されるのは，身から出た錆とはいえ残念でならなかった。藪から棒に身から出た錆などと言い出したのは，日常，食の問題に関して他職種と連携し信頼を勝ち得ていなければ非常時だといってわれわれが頼りにされるはずがなく，つまりはわれわれの平時の努力不足が有事の場面で露呈したと思ったのである。

4．避難所における食支援

　避難所を巡回するという方式に係る問題が顕在化するのに1カ月も掛からなかった。大学チームは発災1月半ほどで点在する避難所の巡回を止め，福祉避難所を定点で支援すると決めた。県北のその市はしばらく中学校に設けていた福祉避難所を，そのわずか前より大規模で設備の整った公共の文化施設へと移していた。

　福祉避難所。阪神淡路大震災の折，一般の避難所で要介護高齢者などへの対応に苦慮した経験を踏まえ1997年に設けられた制度である。福祉施設などを

4．避難所における食支援

対象に指定し災害弱者（災害時要援護者）を受け入れる。2008年の厚生労働省ガイドラインによれば高齢者，障害者，妊産婦，乳幼児，病弱者など避難所生活において何らか特別な配慮が必要ながら介護保険施設や医療機関等への入所や入院には至らない程度の在宅要援護者とその家族が利用対象である。この施設では高齢の要介護者や精神疾患患者にその家族を加えた150名ほどが広大な体育館の一面にベッドを並べており，全介助はうち10名，半介助が50名ほどであった。市は職員を終日配置し，医療面の管理は医科の学会に委託していた。スタッフの多くは罹災して機能を停止した市立病院からの派遣であった。

　はじめて大学のチームがそこを訪ねた日の業務報告メールは以下のようであった。「介護度が高く誤嚥リスクが高いと思われ，柔らかい食事を摂取している5名とそのご家族3名に口腔ケアを行いました。震災後はじめて歯を磨く方が多かったです。看護師を中心とするスタッフは口腔ケアへの関心が高く，継続的な介入を希望しています。内科医も入院が必要となる前段階で止めたいという考えをお持ちです。廃用萎縮を防ぐリハビリがはじまったところで，歯科介入も継続的にならば大歓迎とのことです。歯科治療のニーズも多少あるかと思います。」大学派遣のチームは全避難者をアセスメントし，口腔衛生状態が不良で機能低下や生活自立度が低い要介入群，口腔衛生状態の不良や機能低下がありながら指導により改善が見込まれる要支援群，口腔衛生状態良好で機能低下のない自立群のいずれかに分類したうえで，要介入群には訪問のたびに口腔ケアを実施，要支援群には訪問のたびに状況確認と必要な範囲の口腔ケアを実施，自立群はアセスメント時のみに口腔ケアを実施した。一方，看護師には介入の要否に加えて清掃方法や推奨される口腔ケア器材，介入の際の留意点などを簡潔にまとめ記したチェックリストを作成し，情報提供した。栄養士や看護師を中心とするNST（栄養サポートチーム，Nutrition Support Teamの略。医師，栄養士，薬剤師など多職種から構成され，入院患者の栄養サポートを行うことで，医療の質を高め，医療費削減に貢献している）では，嚥下障害スクリーニングや嚥下障害者向けの嚥下体操と訓練，片麻痺者向けの食事介助や姿勢の指導を担当した。活動は4月上旬から9月初旬まで22回にわたり，歯科

医師のべ64名，歯科衛生士20名が参加した。口腔ケアとNSTを通じて避難者の口腔衛生状態は短期日のうちに著しく改善し，歯科治療のニーズも比較的早期に低減した。

　春の連休を迎えようという頃，あらたな福祉避難所の開設が市健康推進課から伝えられた。避難者の多くは運動機能の障害を抱え車椅子を利用していた。3畳ほどの面積に高さ120cmほどのダンボールの壁を巡らし，ダンボールの床を敷き，ダンボールのベッドを置いた個人スペースは，カプセルホテルが個室だとすればこれも個室と呼ぶに相応しく，入り口に手製の表札を掲げる者も多かった。看護師や栄養士，雇いあげの職員のほか数名の理学療法士が常駐し，日々リハ介入が行われたので，ここで数カ月を過ごした避難者の幾人かは自力で歩行するまでに回復した。大学の歯科チームは5月中旬から9月の閉鎖まで都合13回の活動を行った。歯科ニーズはやはり比較的早期に低下し，肺炎で入退院する避難者への食指導などにも関与した。関連職種がそれぞれの機能を活かすよう協働し，ある程度閉鎖的な集団に介入することで，被災者の食を効率よく支援できること，歯科がそのなかで一定の寄与を果たしうることを実感した。

5．被災者の食

　発災当時，避難者の食費は災害救助法により1人日額1,010円と規定されていたものが，5月に入ると1,500円に改定され，発災時に遡って適用された。先行してできた福祉避難所では食事を地元業者に発注，業者は調理師2名を現地採用し，施設内で調理を行っていたので，とろみをつけるなど避難者に応じた食形態の変更にも柔軟に対応した。他方の福祉避難所は，朝晩は仕出し弁当を利用し，昼食は施設内で栄養士らが調理した。レトルトの焼魚や野菜類，大量に備蓄された牛乳，魚肉ソーセージ，ツナ缶などを活用しつつ，地元スーパーから日々200円分ほどの食材を購入していた。避難者の嗜好や食関連のニーズを考慮した昼食はなかなか立派なものだった。6月のある日の献立はご飯，

鶏肉と馬鈴薯，人参入りのクリームシチュー，ゆで卵とレタスとトマトのサラダで，それにバナナが添えられていた。別の日の献立はご飯の上にもやしのナムル，茹でたほうれんそう，山菜の水煮などの野菜類を並べ載せ，半熟に火を通した卵を置いてなにがしかを掛けたビビンバであった。同じ頃，別の避難所では毎日おにぎりとパンのみを配布していると聞いたので，災害救助法の運用に関して行政の周知が不足ではないかと疑った。

　市内のある中学校は，震災以前から毎日の給食メニューの画像をウェブサイト上で公開していて，それを震災後も続けていた。同じ時期のメニューは，たとえばご飯のうえに魚を焼いたものが一切れ，それに牛乳とふりかけであった。魚が豚肉に代わる日があり，コッペパンとソーセージ１本，それに牛乳とカップ入りゼリーとチューブのケチャップの日があったが，どの日も野菜はなく，その１点に限っても福祉避難所と比べてやや粗末という感が否めなかった。給食センターの罹災などに起因するこうした「簡易給食」は，カロリーが国の基準の７〜８割，ビタミンは１割程度と栄養面で不十分であることが報じられていた。それだけに市に救難物資として届いた食品がどのような基準で市中に配分され，活用されているかが不思議でならず，事情を知っていそうな人を見かけるたびに尋ねてみたが，ついに判らずじまいであった。われわれが通った福祉避難所は隣接する体育館を救難物資の倉庫に用いており，そこには全国の自治体や海外から届いた食品が山積みされていた。避難所が閉鎖されようという９月に入っても物資の山は一向に低くなる様子を見せなかった。

　このたびの震災はその広域性において阪神淡路，中越，中越沖，岩手宮城内陸など比較的最近の地震被害のいずれとも異なり，そのため事前の震災対策が被災地の状況とうまく合致しない場面が多かったように思われた。歯科に例をとるならば，応急処置とトリアージを内容とする歯科医療救護活動が災害対策に定められてはいたが，このたびの震災のように歯科医療サービスの提供が長期にわたって途絶する地区があることはどうやら想定の外であった。たとえば平成の大合併前はひとつの町であった地域がまるごと無歯科医地区となり，そこに仮設歯科診療所が開業するまで実に15カ月近くを要したのだった。発災

1年後の時点で，この地区を含む県北沿岸部のふたつの保健所管内は4軒に1軒の歯科診療所が廃止もしくは休止状態に置かれていた。この経験を踏まえ，被災地に生じた無歯科医地区で応急処置ではない通常の保険診療を継続して提供する制度を，今後の広域災害に向けて整備することが必要だろう。

　食に関しても同様で，災害食といえば発災直後の急性期，亜急性期に備える非常食に関心が集中しがちだが，その後の長い復興を支える基本が食であることにもっと注目してよいと思う。そして慢性期の被災地における食支援の実効性を高めるべく，食糧の供給や配分についても，食の安全を確保するべく関連職種に協働を促すことについても，制度面の整備をお願いしたいと思う。

6．おわりに

　このたびの地震は平安期の貞観地震の再来と考えられているようだ。ジオスライサーと呼ばれる装置を用いたボーリング調査が石巻平野，仙台平野および福島第1原発で行われた。貞観地震のほぼ半世紀後に起きた十和田の大噴火で火山灰が東北一円に堆積したため，ボーリングした地層の火山灰層の直下に海砂など津波堆積物の層が発見されれば，その地が貞観津波で浸水を蒙ったと証明される。この調査で判明した津波災害の痕跡をもとに，海溝型地震の津波シミュレーションが推定された貞観期の津波浸水域は，その後に発生したこのたびの津波浸水域とほぼ一致した。

　このことは震災への対応を考えるうえで，地震予知の確度向上の必要もさることながら，地震の周期性に鑑みて過去の地震，津波被害を精査し，その再発を前提として対策を講じることの必要を示すと考えてよいだろう。近未来の発生が危惧される東海，東南海，南海地震に関しては，昭和19年と21年に発生した昭和東南海地震，昭和南海地震が参考になろうし，東海，東南海，南海連動型地震に限ってみても歴史を遡れば安政，宝永，慶長，明応，正平，仁和，白鳳のそれぞれに史料が残されている。

　2011年8月にまとめられた中央防災会議，南海トラフの巨大地震モデル検

6. おわりに

討会の第2次報告は，さまざまなすべり域等を想定したシミュレーションの結果を示したものであったが，いずれの想定でも本州の関東以西，四国，九州にまたがる90〜120ほどの市町村を5m以上の津波が見舞うという推定の結果であった。津波高と浸水深は一致するものではないが，浸水深は0.3mで避難行動がとれなくなり，1mでは巻き込まれたほとんどの人が死亡，2mでは木造家屋の半数が全壊し，5mでは2階建て家屋が水没，10mでは3階建ての建物が完全に水没すると考えられている。この推定にしたがって今後あらたな災害対策が講じられるとき，被害甚大と予測される太平洋沿岸には人口が高度に集中する都市があり，産業の根幹を支える工業地帯があり，原発など防災上重要な施設があるから，それらの防災対策には当然もっとも高い優先順位が与えられるべきであろう。一方，志摩半島や紀伊水道の両岸をはじめとするリアス式海岸沿いには高齢化が進み，すでに限界集落であったりそうなりつつある地域が点在している。こうした地域がいったん被災すれば復興は一層困難で，より長期の支援が必要であろうことも考慮の必要があるだろう。後者についてはこのたびの東北の経験が大いに活かされるのではないだろうか。

第2章　非常食から災害食へ ― 開発と課題

別府　茂*

1．はじめに

　近年の日本では，地震災害はくりかえし発生し，さらに被害規模の大きな地震の発生が懸念されている。日本全体で高齢化が進む中で，地震災害は広域化し，被災者数は増大し，被災生活の長期化する可能性が高い災害発生が想定されている。大規模地震の発生では，被災者は揺れや火災，津波から生き残ることができても，電気，水道，ガス，通信，交通などのライフラインが途絶して食品の入手と調理ができなくなった被災地で生活を続けなければならない。そのため，外部から救援物資などの支援が到着するまでの3日間程度は，各自で食料を備蓄するよう求められている。しかし，備えている住民は多いとは言えない。さらに，地震発生後に外部からの支援が期待通りに確実に到着するかどうかは，被害が大きいほど，あてにできなくなっている。

　普段の生活で，私たちは1日に3度の食事をとっているが，連続9食の食事抜きの影響の大きさについて，地震発生前に自分のこととして考えてみる必要があるのではないか。これまで，飢え死にを避ける程度の備えで良いという非常食のあり方は，健康面の2次災害の危険につながる可能性があり，被災者であっても被災地で救出や救援，復旧などの初期対応のマンパワーとして活かせる資源を活用しないことにつながると考えられるため，備えの目的とその内容について再考すべき時期に来ている。

　本稿では，大規模地震発生後の食に影響する環境がライフラインの復旧や外

＊　ホリカフーズ㈱　取締役／新潟大学大学院　客員教授

第 2 章　非常食から災害食へ — 開発と課題

部支援によって変化するため，まず減災対策を検討する上で最も影響の大きいステージ（ライフラインの全停止，外部支援なし）における食のあり方を非常食から災害食という視点で再検討する。

2．地震災害と被害

2-1　人的被害

　近年地震は多発し，1995 年から 2011 年までの 17 年間に死者の発生した地震は 10 回を数え，日本では 1 年半に 1 回死者の発生する地震が起きている（表 2-1）。なかでも 1995 年 1 月 17 日に発生した阪神・淡路大震災では，家屋の倒壊や火災によって 6,437 名もの住民が命を奪われた。2011 年 3 月 11 日の東日本大震災では，大津波を主原因として死者・行方不明者数は 18,579 人（2013.1.16 現在），さらに災害関連死者数は 2,303 人（2012.9.30 現在）にも及んだ。

表 2-1　連続する地震被害

発生日	地震災害	マグニチュード	死者　　人 (行方不明含む)
1995.1.17	阪神・淡路大震災	M7.3	6,437
2001.3.24	芸予地震	M6.7	2
2003.9.26	十勝沖地震	M8.0	2
2004.10.23	新潟県中越地震	M6.8	68
2005.3.20	福岡西方沖地震	M7.0	1
2007.3.25	能登半島地震	M6.9	1
2007.7.16	新潟県中越沖地震	M6.8	15
2008.6.14	岩手・宮城内陸地震	M7.2	23
2009.8.11	駿河湾を震源とする地震	M6.5	1
2011.3.11	東日本大震災	M9.0	18,579

2．地震災害と被害

表 2-2　地震災害による人的被害（被災者）

震災	発生年月	死者・行方不明者数	最大被災者
阪神・淡路	1995.1	6,437人	316,000人
新潟県中越	2004.10	68人	103,000人
東日本	2011.3	18,579人 ＋災害関連死者数 2,303人	470,000人

自衛隊 1,057万人　警察 56万人　消防 10万人

ほかにも
地元行政関係者，ライフライン企業

発災害後 5カ月間
2011.8.11 新潟日報

図 2-1　救援従事者数（東日本大震災，延人数）

2-2　被災者

　防災対策では死傷者の低減が最重要課題であるが，人的被害は死傷者だけではないと考えられる。家屋の倒壊や火災，津波を生き延びた被災者も人的被害者であり，ライフラインの途絶した被災地で，家族や家屋を失いながらも，生活を続けなくてはならない。また，被災者であっても救出や消火などの救援活動に不眠不休で従事する行政関係者や住民もいる。被災者数は，阪神・淡路大震災で最大 31.6 万人，新潟県中越地震では 10.3 万人，さらに東日本大震災では 47 万人と日本人 300 人に 1 人が被災した割合となった（**表 2-2**）。また，被災者はそれぞれ特徴のある被害から生き延びており，阪神・淡路では家屋倒壊と火災，新潟県中越では建物の倒壊，余震の不安，孤立があげられる。東日本大震災では，津波，放射能という新たな被害を受け，さらに雪の降る季節で避

難と被災生活が続いた。加えて東日本大震災の応急対応活動者は，地震発生後の5カ月間で自衛隊 1,057 万人，警察 56 万人，消防 10 万人と地元の行政関係者，住民らが津波に襲われた屋外の被災地で救出・捜索活動に従事し（図 2-1），1日当たりの従事者は 10 数万人に及んでいた。これらのことから，東日本大震災では被災地で生活していた被災者と救援者の合計数は約 60 万人と推定され，1日2食としても，毎日 120 万食の食料を必要としていた。これらの被災地での生活や活動に食べものがなければ，飲まず食わずとなり，健康面の2次災害を招き，救出活動の遅れに影響すると懸念された。

2-3　東日本大震災：生活関連情報

表 2-3 は東日本大震災に関する食生活関連の記事を新聞各紙から筆者が抜粋したものである。3月 14 日付の多くの新聞において，被災地の窮状と発災直後の食料不足を伝えていた。これに応えて救援物資などが全国で集められ，さらに海外からの支援活動も加わり，被災者を救う支援ができたものと思われた。しかし，3月 19 日の新聞（表 2-4）では，1週間後にも関わらず，救援物資の物流停滞により混乱し，救援物資の届かない避難所の存在と要援護者向けの食料の不足が起きていた。未曾有の災害に襲われた被災地を支援する動きは，これまでになかった規模の大きさになっていたにも関わらず，外部支援は大幅に遅れていた。さらに，1カ月前後あとの新聞報道（表 2-5）では，主食のみの食事が続いたことによる栄養面の問題について多くの報道が続いた。

地震発生後，東北地方の被災地では沿岸部の家屋，倉庫，食品工場などが津波被害を受けたために，食料の買い置き，備蓄，在庫などのほとんどが流出した。さらに国が調達した食料をはじめ全国からの救援物資は，ガソリン不足と道路の損壊による物流機能不全により，広域に分散した避難所に効率よく届けることができなかった。また，救援物資の流通途中では，高齢者やアレルギー患者など要援護者向けの食料の滞る事態が発生していた。このため，3日程度で届くはずの救援物資は遅れ，被災者は長期間にわたって厳しい生活を余儀なくされた。

2. 地震災害と被害

表2-3 東日本大震災，新聞報道が伝えたこと（食生活関連，2011年3月14日付け）

日付	新聞名	ページ	記事(抜粋)
3月14日	河北新報	1	避難者 6県で45万人超え
		2	仙台市長は国へ生活物資支援を要請
		14	岩手山田高校の避難所では食料が底をつきかけている 12日まで1日3回おにぎり1個 13日は1日2回へ
		15	宮城県では2万人が孤立，毛布，水，食料が不足
3月14日	朝日新聞	15	食べ物不足，コンビニ休業相次ぐ，都内も品薄
			救援物資即席めん100万食，給湯機能付き車両も提供
		18	岩手大槌町救援物資届かず，灯油，食料もつきかけている
			宮城県東松島市立大曲小学校では13日から食料配布開始，朝食一人にパン1/4
			夕食にあめ・せんべい
			福島県白河市大信福祉センター 1日3個のおにぎり
3月14日	産経新聞	5	生活必需品は品切れ，ガソリンなくトラック輸送機能まひ
3月14日	読売新聞	7	衣食住すべて不足
		21	被災地では水，米が足りない 岩手県陸前高田市立第一中学では食料ぎりぎり

表2-4 東日本大震災，新聞報道が伝えたこと（食生活関連，2011年3月19日付け）

日付	新聞名	ページ	記事(抜粋)
3月19日	河北新報	15	宮城県三陸町に山形県庄内市から「つゆ餅」1,500食，震災以来初めての温かな食事食べて元気に
3月19日	日本経済新聞	22	避難所に乳幼児向けの食事なし
3月19日	新潟日報	7	国や自治体要請相次ぎ新潟県内メーカー増産急ぐ，包装米飯や飲料水，物流停滞足かせ
		20	仙台派遣の新潟市職員，乳児用食料持参で手持ち支援 粉ミルク，アレルギー対応食品
3月19日	朝日新聞	5	18日 政府集計 届いた支援食料289万個 非常食，カップ麺，パン 避難所には行き渡らず
			発生4日目では48万個拠点で留まる。避難者は40万3,811人
		17	病院 医薬品不足深刻 通信不足 燃料途絶え 自衛隊機検討
3月19日	読売新聞	23	アレルギー対応食品 懸命の営業 仙台市
3月19日	産経新聞	2	支援物資 倉庫に滞留 運搬手段なく ローソン(パン，おにぎり13万5,000)日清・即席めん協会(即席めん150万)
		6	米軍士官活動報告 物資不足と寒さとの戦い
		24	届かぬ支援物資 避難所は陸の孤島 宮城県女川町 1日1〜2食，避難所で食料めぐりいさかい
		26	食の安全放射能から守る 自治体ごとに判断 出荷停止や回収

第2章 非常食から災害食へ — 開発と課題

表 2-5　東日本大震災，新聞報道が伝えたこと
（食生活関連，2011 年 4 月 6 日～17 日付け）

日付	新聞名	ページ	記事（抜粋）
4月6日	日本経済新聞	31	炭水化物中心の食生活長期化　避難者体調崩す恐れ 日本栄養士会調査へ
4月7日	読売新聞	26	在宅高齢者へ物資を　釜石のNPOが奮闘
4月8日	新潟日報	22	震災避難所に「おかず」必要　需要と供給ミスマッチ 全国知事会が調査　常温保存で手間のかからないおかず
	新潟日報・夕	7	最大の余震　6強　疲労もピーク　被災地で再び大規模停電
4月10日	読売新聞	14	被災者の栄養状態が心配　「ごはん，パンだけ」続く
4月10日	朝日新聞	18	死者12,898人（半数高齢者） 　行方不明者14,824人　避難者16,378人　4月9日現在
4月12日	読売新聞	20	物資不足　1日おにぎり1個　3日間おかゆのみ
		35	震災関連死疑い282人　避難所不衛生　寒さで拡大　3県病院調査
4月15日	朝日新聞	30	給食はパンと牛乳のみ　女川の小学校で再開
4月16日	読売新聞	28	ビタミン不足対策急ぐ
4月17日	朝日新聞	21	被災地偏る栄養

3．今後の地震と被害想定

　地球表面はプレートといわれる岩盤に覆われ，絶えず移動している。プレートの境界で発生する地震では，環太平洋の多くの地域でマグニチュード 9.0 以上の巨大地震が起きており，東日本大震災をもたらした東北地方太平洋沖地震も日本海溝沿いの沈み込み帯で発生したプレート境界型地震であった。さらに 2000 年からの 10 年間に世界で発生したマグニチュード 6.0 以上の地震回数 1,036 回のうち，212 回は日本で起きており，日本の国土面積が世界の 0.25% であるのに対して，地震回数は 20.5% と高率となっている。今後もアジアでの自然災害の増大が懸念され，日本もプレート境界型地震だけでなく，全国各地に断層型直下地震も想定されるため，東日本大震災の教訓を踏まえた防災計画の見直しが進んでいる。

特に大規模な被害が想定される地震として，南海トラフ地震と首都直下地震があり，人的被害者数は，南海トラフ地震の死者は最大32.3万人，首都直下地震では死者1.1万人，被災者700万人と想定されている。この被災者数は，これまでになく大規模であり，首都直下地震の想定被災者700万人は日本人約20人に1人が被災することになる。災害発生後の食料調達では，1日当たり1食としても毎日700万食の食料が必要となるが，地震発生後の対応は大幅に遅れる可能性が高いと懸念される。その理由として，これまでの災害で救援食料として増産できたパン，おにぎりなどを製造する工場が関東地方，太平洋側の都市部に多いことがあげられる。さらに物流面において，首都直下地震では人口密集地での被災のため，被災地内への配布が遅れることが予想され，南海トラフ地震では九州，四国から関東に至る太平洋岸の被害のため，広域に広がる被災地に届けることが遅れることが懸念される。いずれにおいても，高齢者，乳幼児，アレルギー疾患患者など個別な配慮が必要な食品が遅れる場合は，これらの災害時要援護者に健康面での2次災害が集中する可能性が高い。

4．災害時の食の役割

4-1 教 訓

被災生活を支える食問題では，過去の地震災害はさまざまな教訓を残している。阪神・淡路大震災から東日本大震災にいたる被災地に共通する教訓として，水と食料の備蓄が少ないことによる量的不足，さらに被災直後はお湯を作ることができない避難所が多く，お湯を必要とする食品が届いても食べることができないという問題が指摘された。さらに阪神・淡路大震災では，高齢者ならびに消火・救出などの初期対応者などへの配慮不足が指摘され，野菜不足と温かい料理が要望された。新潟県中越地震の被災地でも，冷たさや同じ食べものの繰り返しが課題とされた。東日本大震災では，長期化した被災生活による栄養不足と偏り，さらにアレルギー疾患のある被災者への食事提供の課題が指摘され，いずれも量的不足の問題だけでなく，質的問題が繰り返し指摘されてい

る。これらの問題はなぜ，繰り返されるのであろうか。原因として，被災しないのではないかという危機感の欠如，被災生活対策の不足が考えられ，危機感の欠如は災害発生前の備えの少なさにつながっている。

災害時の食には，公助としての被災者援護があり，これまでの備えの中心的な対策である。一方，自助としての備えは，公助と異なる目的がある。住民には生活の継続が不可欠であり，企業では災害初期対応，事業継続計画の実行，地域貢献などがあげられる。また，自治体などでは消防，警察，災害対策本部などの要員が，救出，救援，被災者支援などに従事しなくてはならず，それらの業務を継続して支えることができる食の備えが必要である。援護目的か生活や活動継続を目的とするかでは，備え方も食の質も異なるため，まず目的を明確にすることが大切である。

4-2　事前の備えと事後の対応

これまで非常食として備蓄されている食品と発生後に救援物資として届けられる食品の多くは，地震発生直後の初期生活における短期的な使用を想定している。また，その1食当たりの量とエネルギーは，普段の生活の位置づけと異なっている。具体的には，東京都の備蓄ではクラッカーは88g，アルファ化米は100gを1食分と計算している。また，これまでの災害における救援物資では，パンは1個，おにぎりは2個で1食としている。これらは行政による災害発生直後の公助として避難所での提供を想定しており，主食として炭水化物を成分とする食品が多い。

直下型断層地震の場合は，被災地域が半径数十キロメートルと限定された範囲となり，全国からの支援も早期に集まりやすい。しかし東日本大震災の事例と同様に，今後想定されている首都直下地震，南海トラフ地震では，被災地域の広域化と被災者数の増大により外部支援が遅れ，被災生活は長期化することが予想される。このため，被災生活における減災には，発生後の対応もさることながら，事前の備えが重要となってくる。事前の備えであれば，一定の時間的猶予があるため広域であっても量と質の問題にも対応が可能である。しか

し，事後に起きてから対応するのでは，限られた日数での対応となり，支援の内容には限度がある。

5．被災者のニーズ

5-1　消費者ニーズ

　食品メーカーのマーケティングでは消費者ニーズを調査し，新製品の開発や改良品の改善を進めることは日常的に行われている。しかし，被災者のニーズは，非常食の開発に反映されてきたのであろうか。火災から生き延びた被災者は，のどがカラカラになるため，食品よりさきに飲料水が必要と考えられる。火災発生が想定されている地域の避難所では，配布が容易な小型のペットボトルの飲料水が備えられているであろうか。また，雪の降る中，津波から生き延びた被災者には，温かいお茶や味噌汁が必要だったのではないか。これらは津波で家屋を失った被災者が避難する場所に事前に備えることは不可能であろうか。あるいは，土砂崩れや道路の損壊により孤立が想定される中山間地や地方都市の住民にとって，外部支援が届くまでの生活を支える食料や物資を備えることは不可能であろうか。さらに，これまでも指摘されているように乳幼児，アレルギーのある児童，慢性疾患のある患者，硬いものが食べにくい高齢者など，日常から食べものの質と機能に配慮が必要な住民が増えていることに対して，これまでの非常食の備蓄のあり方と災害後の対応以外に対策はないのであろうか。

5-2　賞味期限の長さ

　これまでの非常食は，賞味期限の長さを1つの特徴とし，これをニーズととらえることがあった。これは，備蓄していても賞味期限内に災害発生することは少なく，限られた予算の中で備蓄食品を購入するためには賞味期限を長くすることが対策として考えられたためである。賞味期限3年よりも5年の製品は，単年度単価を下げることができるという備蓄ニーズである。しかし，災害

がないのではないかという意識は，災害多発時代に対応するという意識へと変化を始めている．このため，賞味期限にこだわる備蓄ニーズは，いくつかの問題を生みだしている．具体的には，長い賞味期限を求めると限られた種類の加工食品に限られてしまい，被災者の多様なニーズに対応できない．さらに，賞味期限内においしく食べることができるにもかかわらず，普段の生活で積極的に利用されない食品に位置付けられ，自助としての備えが拡大できない．また，賞味期限の長さを求める消費者は，製造直後の製品購入を希望するため，小売店舗では入荷してから数カ月も経過すると販売機会がなくなり，常時販売することが難しい商品となっていることである．これらのことが相乗して，自助における食の備えの障害となっている．このため，自助では，賞味期限の長さを条件とする非常食のあり方を変えていく必要があると考えられる．

6．災害食に関連する新しい動き

6-1　サイクル利用

　一般的な備蓄の方法は，必要分をまとめて購入し，賞味期限が来るたびに入れ替えるという方法であるが，新しい備蓄方法として，サイクル利用という取り組みが拡大している．3年分の備蓄食料であれば，購入後1年目で1/3を防災訓練の機会に試食訓練を行い，使用分を補充する方法である．翌年からも1/3使用を続けることにより，賞味期限の長さを心配する必要はなくなり，毎年の予算を平準化できるなどのメリットがある．試食訓練は，災害時に食べる方法で，災害時に食べる予定の対象者が，一食全部試食することが大切であり，お湯の用意などの準備，食品への評価などを確認することができ，災害時を想定した実践的な取り組みである．

　これまで非常食の備蓄では，賞味期限内に消費される機会が少ないと指摘されているが，賞味期限は美味しく食べることができる期間であり，その期間内に備蓄した食品を食べて消費する仕組みが求められている．また，日常生活の中で積極的に利用し，災害時にも利用したくなる食品を増やすことで，賞味期

限が3年以下の食品であっても災害食として利用できるようになる。この方法は，食品の種類を増やし，購入価格を下げる効果も期待できる。

6-2　栄　養

東日本大震災では，被災者支援の取り組みに，これまでになかった栄養に関する2つの取り組みがあった。その取り組みは，宮城県と厚生労働省によるものである。

地震発生から3日目となる3月14日，宮城県は財団法人日本健康・栄養食品協会に対して，避難所の栄養状態悪化と長期化に対処し，被災者の健康・栄養を確保するための物資について支援を依頼している（**表2-6**）。その具体的な内容は，1.栄養不良者（特に高齢者等）に対する低栄養対策を目的とする濃厚流動食，2.発熱・水分摂取不足者向けの脱水対策を目的とする脱水予防電解質入り飲料，さらに3.非常食等で不足しがちな微量栄養素補給を目的としたビタミン，ミネラル補給可能飲料である。この要請では，これらの食品は想定必要者数を避難所ほぼ全員（当面数日分）とし，可能であれば在宅者分として

表2-6　東日本大震災での栄養補助食品の要請事例　宮城県　2011.3.14

No.	提供想定者等（目的）	提供希望物品	1人あたり必要数	想定必要者数等	備考
1	栄養不良者（特に高齢者等）低栄養対策	濃厚流動食（高カロリーのもの）ドリンクタイプ及びムースタイプ等	1〜2本/日	避難所ほぼ全員。(当面数日分)可能であれば，在宅者分も希望	（参考）避難者総数約12万人避難所数701カ所（H23.3.13現在情報）
2	発熱・水分摂取不足者向け脱水対策	脱水予防電解質入り飲料ドリンクタイプ及びゼリータイプ	1〜2本/日		
3	非常用食品で不足しがちな微量栄養素補給	ビタミン・ミネラル補給可能飲料等	1〜2本/日		

いる。濃厚流動食，脱水予防電解質入り飲料，ビタミン，ミネラル補給可能飲料の多くは，病院や高齢者施設などで日常的に使用され，特別用途食品，特定保健用食品の制度に関わりの深い食品が多い。これらの支援要請を受けた財団法人日本健康・栄養食品協会ならびに協会員は，被災地に向けた要請物資の提供，運搬に努めたが，東北地方の交通事情，容器不足の発生などから急激な増産をしにくかった。この支援要請は発災後3日というタイミングで発信されていることから宮城県の事前の備えの一端と見ることができる。さらに高齢者を含めた避難所全住民の健康・栄養を守るために必要な食品は，賞味期限の長さを条件としないならば，すでに存在していることを示している。

　厚生労働省は，平成23年4月21日避難所における食事提供について，被災後3カ月までの当面の目標として計画・評価のための栄養の参照量を算定し発表した（表2-7）。これは，被災後1カ月が経過し，食事量の改善はみられるものの，おにぎりやパンなどの主食の食生活が中心で，肉・魚等のたんぱく質や野菜などの副食の摂取が十分でなく，避難所間でも不均衡が認められることから，必要な栄養量確保のために安定的に食事提供を行う条件の整備を急ぐための処置であった。発災直後は食料の量的確保が優先され，量的確保後に質的配慮へ転換していくと考えられるが，東日本大震災の被災地では長期間にわたって量的確保ができず，栄養面や要援護者向けの食品など質的配慮までに至らなかった避難所が多かったことを示していると考えられる。このため，被災後1カ月が経過しても，提供される食品がおにぎりやパンなどの炭水化物を主体

表2-7　避難所における食事提供の計画・評価のために当面目標とする栄養の参照量（1歳以上，1人1日当たり）

エネルギー	2,000 kcal
たんぱく質	55 g
ビタミンB_1	1.1 mg
ビタミンB_2	1.2 mg
ビタミンC	100 mg

平成23年4月21日 事務連絡
厚生労働省健康局総務課　生活習慣病対策室

とした主食のみの食生活が続いた。この栄養参照量をもとにした被災者への食料提供はできるだけ早い時期が望ましいため，今後の被災生活に備えて，提供時期や備蓄への検討が期待される。

6-3　ライフラインの代替え

大規模な地震発生では，電気，ガス，上水道などのライフラインの使用ができない前提で食品の備蓄が行われてきたが，ライフラインの代替えの技術開発は進んでいる。災害時の食問題は，食料そのものにだけ目を奪われやすいが，ライフラインの代替えの有無と密接にかかわりがある。これらの取り組みは，必ずしも災害専用に開発されているのではなく，日常生活を豊かに便利にする方法として開発され，災害時にも利用可能となっている。

6-3-1　飲料水

阪神・淡路大震災では，飲料水の確保に多くの給水車が活用されている。この時点ではペットボトルは販売されていたが，災害用としての普及は一般的ではなかった。被災者は給水車からさまざまな容器に水を入れたが，清潔でない容器から直に飲むことができず，電気が復旧した後に煮沸して飲んでいた。しかし，この経験もあって，その後の被災地ではペットボトルの飲料水を利用することが増えている。ペットボトルの飲料水は，常温で保存可能で，開栓してすぐにそのまま飲めるため，備えがあれば災害発生直後から安心して飲用として使用できる優れた利点があるため，買い置きしておくことは自助として大切な対策である。

6-3-2　電気等

停電は，生活に直結する大きなライフライン障害である。電気は地上配線のため，ガスや水道などの地下配管に比べて復旧が早いといわれているが，被災時は復旧がいつになるかわからない中で待つほかない。一方，電気自動車の開発が進んでおり，そのバッテリーを災害時に活用する仕組みも生まれてきている。現時点では，電気自動車一台から，最大出力1,500wの電力を取り出して約5～6時間使用可能となり，これは一般家庭の消費電力の約1日分に相当す

る。また，避難所となる学校などの施設に電気自動車の給電施設と駐車場を設けることで，被災時にはバッテリーを避難所生活に使用することも可能となる。さらに今後は，スマートエネルギーの災害時活用も期待され，家屋の耐震性向上と合わせて，停電してもバッテリーからの電力供給をうけることができる災害に強いエルギーシステムの開発が推進されると期待される。なお，都市ガスの代替えには，プロパンガス，カセットコンロなどがあり，普段の生活だけでなく被災地でも活用されている。

7．食品の開発

7-1　公助のために

自治体が避難者のために備蓄する食品は，賞味期限の長さ，価格などの条件を満たす必要がある。今後，災害の増大が想定される中，備蓄量を増大させようとする動きが活発となると考えられ，新しい食品の開発も進むものと考えられる。特に，これまでの非常食では配布対象者を特定せずに数量のみを増やす備蓄が多かったが，要援護者の個別の事情に配慮した食品の開発も進んでいる。一方，食品であれば賞味期限内で食べきる仕組みが必要であり，回収や再利用などの食べずに処分することを避ける仕組みづくりの工夫が大切である。

7-2　自助のために

日ごろは便利で快適な生活を求めるにしても，大震災への備えは災害の多い国土に暮らす住民の生活の知恵である。災害時には，物流が停止し食品の購入ができなくなるため，災害前に購入しておく必要がある。また，電気，ガス，水道が使用できず調理できないため，調理済み食品を備えることになる。これまで，公助で使用される非常食を参考に自助の備蓄食品を選ぶことが多かったが，自助では賞味期限内に食べることができるため，賞味期限の長さだけを基準に食品を選ぶ必要はない。また，自分や家族の生活への配慮や好みの食品を加えて，賞味期限内に普段の生活で利用し，補充するというランニングストッ

ク（サイクル利用，またはローリングストックともいう）を取り入れることが大切である。また，このとき，自宅に耐震性があり，被災後も自宅で生活が継続できるならば，電気，水などのライフラインが何もないという想定とするのではなく，ライフラインの代替えの備えと組み合わせて食品を検討することも必要である。

災害の発生と同時に救出，消火，医療，復旧などの活動に従事する組織，従業員を保護し事業継続計画を実行する企業では，災害時の活動を支える食事が必要となっている。ライフラインの途絶した被災地で計画した業務を継続遂行するためには，雪の降る津波の跡地での捜索活動でも，炎天下の復旧活動でも，安心して携帯でき，温かく，通常と変わらない品質の食事が不可欠であり，エネルギー量と継続使用のための配慮も必要となってくる。

7-3 共助のために

大災害の発生では，被災地外から救出，消火，医療，復旧などの応援者が全国から被災地に派遣される。このとき，水，食料などの現地調達は不可能であり，出動途中で活動に役立つ物資を調達している余裕もない。このため，発災後に迅速に出動し，被災地で必要な活動を続けるには事前に備えることが必要である。東日本大震災では，発災後に計画停電による食品の品薄，物流機能の低下，容器不足による減産などにより，発災後の調達に支障が生ずるという教訓を残している。

自助の備えは自らの被災に備えるものであるが，大災害が発生しても自身に影響がない場合に，救援物資として被災地へ送ることができれば，被災地では直ぐに利用することができる。このとき，自助の食品の備えは自らの生活や活動を想定した個別のニーズに基づいているため，同様な生活，活動をする組織やグループを対象にすることになる。具体的な例として，東日本大震災では，九州のライフライン企業の備蓄が宮城県のライフライン企業で活用され，関西の病院の備蓄は福島県の病院で活用された事例があった。災害時にこのような共助を進めるためには，日頃からの組織やグループ間連携と自助の備えが不可

被災		活動・生活	自助	共助	公助
行政・企業	災害対応従事者	職場・現場	☀	→ ○	
住民		避難所外	⊕	→ ○	
住民		避難所	⊕	→ ○	★
住民	要援護者	自宅	⊕	→ ○	
入院・入所		病院・施設	☆	→ ○	

図 2-2　災害食の備え　自助，共助，公助の関連図

欠である（図 2-2）。

7-4　新技術

　日本人の主食は「ごはん」であり，被災者は被災生活が続くほど，食べなれていて，食べ飽きない「ごはん」を求める傾向がある。また，応急対応活動の従事者は，クラッカーなどは腹持ちしないが，「ごはん」は腹持ちしてしっかり働けるという声が多い。被災地では米を炊くこと（調理）ができないため，これまで「ごはん」を被災地で食べるには「おにぎり」にして届ける方法がとられているが，衛生的管理と消費期間の短さのため被災地周辺で調理ができる場合に限られる。一方，常温保管可能な「ごはん加工品」が乾燥，缶詰・レトルト殺菌技術によって開発されてきたが，現在では無菌包装米飯（パックごはん）が普段の生活で最も多く利用されている。「ごはん加工品」は衛生的管理のもとで生産され，一定期間の賞味期限があり，常温で流通が可能なため，お湯さえ用意できれば被災地支援に有効である。今後は，さらに一定の賞味期限を保ち，常温保管が可能な主食，たんぱく質と野菜を多用した惣菜（副食）の製造技術開発，要援護者向けの性状や栄養，表示に配慮した食品，低水分で軽量かつ食べやすい食品の開発が求められる。

これらの食品開発は，包装容器技術と災害時のライフイラン代替えと調理方法の開発と相互に関連している課題であり，連携した研究が期待される。

8. 備　え

8-1　技術と仕組み

　これまでの教訓が示す課題は，現代の日本の技術や仕組みで解決が不可能な問題ではない。日本は「ものづくり」の技術で立国しているといわれるが，「食べものづくり」の包装技術，加工技術，調理技術の進展は，次の震災の備えになると期待される。また，仕組みでは，東京都の首都直下地震の対策の1つとして施行される帰宅困難者対策条例が方向性を示す代表的なものである。この条例は，大規模災害発生時にむやみに移動すると混乱に拍車をかけるため，一斉帰宅の抑制を目的として都内の事業者に対して，従業員向けの3日分の水，食料等の備蓄を進める条例である。このとき備蓄する食品は，公助と同様に避難所と同様レベルの援護目的とするか，あるいは事業継続や地域の救出，消火の活動を支えるレベルとするかによって必要となる食品は異なる。なお，備蓄がなければ，従業員が地域の避難所で食糧を入手しようとすることも危惧され，企業備蓄の内容は地域貢献も重視することが必要である。

8-2　地　域

　首都直下地震と南海トラフ地震は日本の太平洋側を襲い，大規模な被害を発生させる予測となっている。被災地を救援・支援できる地域は，被災していない地域であり，日本海側の食料供給機能が果たす役割は大きい。遠隔地からの食品の初期救援では配送時間がかかるため，消費期限の短い「おにぎり」「弁当」よりも，パンや加工米飯，缶詰，レトルト加工食品などの調理済み食品が適しており，開封してすぐに食べることができる食品が必要である。このため，災害発生後には，これらの加工食品の製造能力を増大させる必要があり，一定量の原料，資材などのストックも不可欠である。さらに，災害時物流の備

え，被災地での仕分け，配布のノウハウなどの提供も必要となる。また，被災地に必要となる食料の備えには，量と質，発生前の備蓄のあり方と発生後の支援についてさらに具体的に研究することが必要となっている。

8-3 意識とライフスタイル

阪神・淡路大震災，新潟県中越地震でも「このような地震が来るとは思わなかった」という被災者の声が聞かれた。中越沖地震の発生後には，新潟県中越地方に2回も大規模地震が繰り返すとは誰も考えていなかったという声があがった。東日本大震災では，宮城県沖地震は想定されていたものの，マグニチュード9の地震による大津波の発生，広域で長期の被災生活，放射能漏れなどは想定を大きく超える事態であったといわれた。いずれも，予想外の事態のため備えも限定的であり，その結果，事後の対応では間に合わない部分が多かったという教訓を残した。大地震がないと考えなければ備えは必要なく，日々の暮らしを優先させざるを得ない。しかし，首都直下地震，南海トラフ地震など大規模地震と被害は想定されている。次の地震では「来ると思わなかった」ことが招いた被害の教訓を活かし，備えたうえで「やはり来たか」につなげる必要がある。

現代生活は，便利快適を追い求め，作り立ての食品を冷蔵・冷凍で品質保持し，必要な食品は必要な時に買い求めるライフスタイルの都市生活者が多い。今後は，地震などの自然災害，電力不足などに備えるライフスタイルに変えていく必要もあると考えられる。

参考文献
1) 奥田和子：震災下の「食」 神戸からの提言，NHK出版 1996
2) 災害と食の会：食のSOS 被災地芦屋の食の記録，エピック 1996
3) 新潟大学地域連携フードサイエンスセンター編：これからの非常食・災害食に求められるもの，光琳 2006

4) 新潟大学地域連携フードサイエンスセンター編：これからの非常食・災害食に求められるもの2，光琳　2008
5) 奥田和子：働く人の災害食―神戸からの伝言―，編集工房ノア　2008
6) 松井克浩：中越地震の記録，高志書院　2008
7) 内閣府：平成22年版防災白書，佐伯印刷　2010
9) 新潟大学地域連携フードサイエンスセンター編：災害時における食と福祉―非常食・災害食に求められるもの―，光琳　2011
10) 宮城県：依頼書　健推第321号　平成23年3月14日
11) 厚生労働省健康局総務課　生活習慣対策室：事務連絡　平成23年6月14日
12) 日本栄養・食糧学会監修，渡邊昌ほか：災害時の栄養・食糧問題　建帛社　2011
13) 国立天文台編：理科年表，丸善出版　2011
14) 東京都地域防災計画：資料第139 食料の備蓄・調達総括表　平成24年4月現在
15) 中沢孝，別府茂：非常食から被災生活を支える災害食へ　科学技術動向　3-4　2012 No.128
16) 内閣府：平成24年版防災白書，日経印刷　2012
17) 三菱自動車工業　電気自動車 Miev power Box パンフレット

第3章　非常食をはじめとする防災備蓄用品の流通のあり方

守　茂昭*

1. 東日本大震災被災地から「循環する非常食」を生みだす試みについて

　岩手県に本社を置くある企業の協力を得て，筆者は三陸の季節産品である水産物の在庫を適切に捌く方法として，従来のような単なる非常用食品ではなく，循環型非常食として流通させる試みを行っている。この試みは，大量の水揚げがあった場合に，しばしば破棄の憂き目にあう水産物を缶詰等でストックした後，効率よく消費者の手に渡らせる流通の新しい方法論として利用できる。

　2003年の統計（漁業センサス）によれば岩手県では2002年度で186,169トンの水揚げがあるが，それに対して133,654トン（約70％）の水産物加工生産がある。差し引きすれば，同年においては30％が鮮魚消費もしくは破棄に回った勘定になる。全国統計では，この年，水揚げ高に対し28％程度の鮮魚消費がなされているので，差し引き2％程度（約4,000トン弱）が岩手県では破棄されたと推計される。

　消費されずに破棄に回る水産物の量は，年々の水揚げによっても変わるが，大量に水揚げがあった年の余剰水産物が，非常食として数年間にわたって適切に消費されるのであれば，生産効率の意味で好ましいものである。この試みが軌道に乗るものであれば，非常食の分野においても，被災地の生産復興の面においても，ひとつのニュースとなるといえる。

---

*　一般財団法人 都市防災研究所　上席研究員

第 3 章　非常食をはじめとする防災備蓄用品の流通のあり方

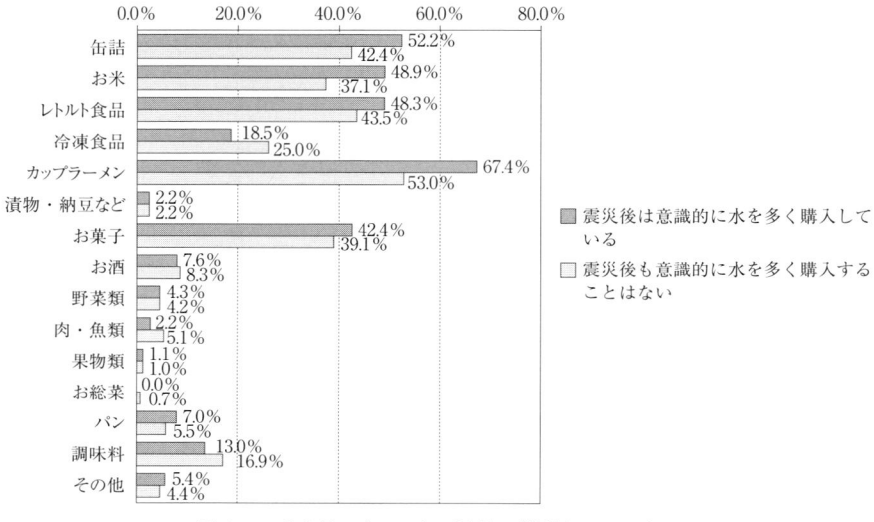

| | 0.0% | 20.0% | 40.0% | 60.0% | 80.0% |

缶詰　52.2% / 42.4%
お米　48.9% / 37.1%
レトルト食品　48.3% / 43.5%
冷凍食品　18.5% / 25.0%
カップラーメン　67.4% / 53.0%
漬物・納豆など　2.2% / 2.2%
お菓子　42.4% / 39.1%
お酒　7.6% / 8.3%
野菜類　4.3% / 4.2%
肉・魚類　2.2% / 5.1%
果物類　1.1% / 1.0%
お総菜　0.0% / 0.7%
パン　7.0% / 5.5%
調味料　13.0% / 16.9%
その他　5.4% / 4.4%

■ 震災後は意識的に水を多く購入している
□ 震災後も意識的に水を多く購入することはない

図 3-1　ミネラルウォーター以外に備蓄しているもの
（キリン MC ダノンウォーターズ（株），％複数回答，N=800）

２．「防災経済」と「余剰生産物」の相性について

　「余った食糧を貯える」ことは流通の未発達な大昔なら普通に行っていた消費生活である。筆者の試みは東日本大震災を契機に，余剰生産物を循環型非常食へ転用させることであるが，余剰生産物に対して古来より持たれていた「もったいない」という消費感覚を，大規模流通の時代，また大規模被災対応の時代に再現させる試みであるともいえる。

　その意味で，この仕組みに使用する食材は必ずしも被災地の産品である必要もなく，あらゆる余剰食糧について，活用が検討されてかまわない性格を持つ。諸調査を見る限り，貯蔵食として用いられる製品は缶詰，米，レトルト食品，冷凍食品，カップラーメン，菓子が圧倒的に多いが（図 3-1），これらのジャンルの食品と余剰生産物の食材の組み合わせを有効に結びつけ，循環する

2．「防災経済」と「余剰生産物」の相性について

表 3-1　缶詰びん詰め産品の年間生産量
(2011 年，一般社団法人日本缶詰協会資料より作成)

缶詰産品	生産量（トン）	缶詰産品	生産量（トン）
まぐろ・かつお類	37.555	さくらんぼ	1.539
さば	28.116	うずら卵水煮	1.507
まぐろ	25.840	コンビーフ	1.382
スイートコーン	18.904	いか	1.321
その他ジャム	15.947	その他野菜水煮	1.133
ゆであずき	15.052	その他野菜	935
いちごジャム	13.806	ミックスジャム	926
さんま	12.756	その他魚類	921
みかん	11.839	パインアップル	737
かつお	11.715	野菜加工品	712
その他果実	9.470	その他鳥肉	604
くり	9.351	マッシュルーム	545
トマト	7.886	あんずジャム	526
混合果実	7.170	りんごジャム	510
もも	6.596	その他食肉	501
のり	6.553	くじら	460
マーマレード	5.648	なし	412
いわし	5.019	牛肉	406
えのき茸	4.783	食肉加工品	385
その他豆類	4.169	食肉野菜混合煮	380
かに	3.536	あさり	369
たけのこ	3.411	ふき	356
その他水産	3.221	グリンピース	270
さけ	2.638	なめこ	260
漬物	2.376	びわ	154
フルーツみつ豆	2.297	その他貝類	141
りんご	2.264	アスパラガス	127
ほたて貝	2.196	きのこ類	102
水産加工品	1.780	その他きのこ	94
やきとり	1.748	みかんジャム	42
赤貝	1.583	牡蠣	23

非常食に多くのパターンを生み出せるといえる。

　大規模生産・大規模流通の技術は，ともすると「もったいない」という消費感覚を麻痺させてきた。大規模生産・大規模流通の下にあっても無駄を起こさない知恵をはぐくみ，消費生活に静かな革命を起こす努力を，東日本大震災を機会に進めてみたいものである。

　現在，主として「缶詰」という形態で流通する食品について，その主要品目

を列記すると別表のようになる（**表 3-1**：公益社団法人日本缶詰協会資料より作成）。

　占有率で圧倒的なのは「ツナ」と呼ばれる，まぐろ・かつおの類，さば，さんま，コーン，ゆであずき，ジャムというジャンルであるのがわかる。これらの食材をより安価に，よりおいしく消費する努力によって，循環型非常食は一層の現実味を帯びてくる。この 6 項目の食材を使って客を唸らせる料理を出すレストランでもできると，防災経済に革命を起こしてくれる，と筆者は密かな期待を寄せている。

3．防災倉庫備蓄の限界

　「非常用」と銘打って貯蔵される備品は，非常食をはじめ多くの種類の備品があるが，その需要と供給は常に限定された範囲のものとなっている。なぜなら**図 3-2** にみられるように，備蓄はスペースの問題や予算といった事務的問題で後回しにされがちであり，さらには倉庫のキャパシティは常に限られているため，ストックできるものにも限りがある。倉庫備蓄の発展的な展開はいつも限定されていると考えるべきである。

　東日本大震災以後，災害に対する備えを充実させる努力が続いているが，発災がいつ起きるかわかっていれば，備蓄のあり方についても多くの対応があり得ても，「可能性」だけの危険では十分な物的準備が行われないであろうことを図 3-2 の「備蓄しない理由」の一覧が示している。

　この限界を超えるためには，平常時の消費生活が被災対応の機能を兼ねることがカギとなる。それは，かつての保存食が平常時の食料供給の安定が主目的であり，被災時の利用は副次的な目的であったように，平常時の需供サイクルが非常時の需要を含んだ形になることが好ましいのである。いつもカギで封印されている防災倉庫の中身が，被災時の需要にピッタリ一致する可能性は元々ほとんどないことを，社会全体として理解するべき時期に来ているといえるだろう。

3．防災倉庫備蓄の限界

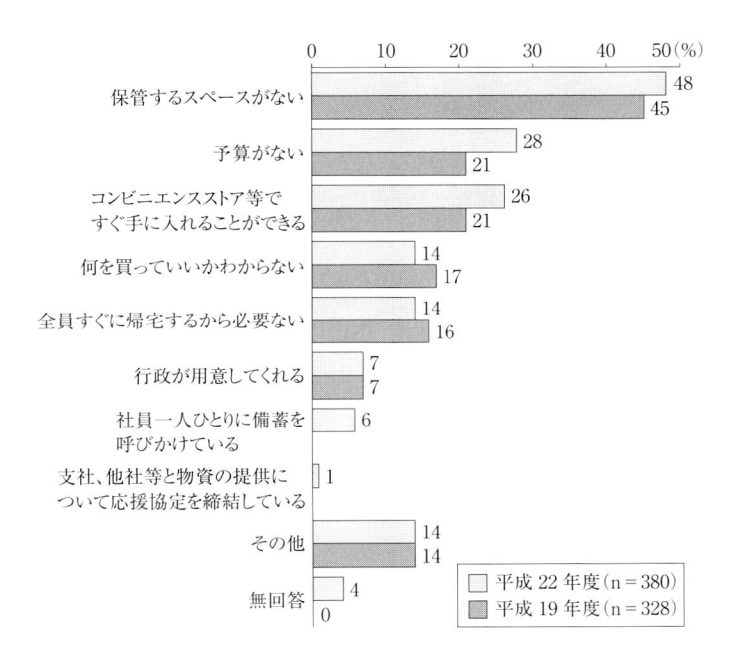

図 3-2　非常食を備蓄しない理由
（平成 22 年度千代田区事業所防災アンケート調査より）

理由	平成22年度(n=380)	平成19年度(n=328)
保管するスペースがない	48	45
予算がない	28	21
コンビニエンスストア等ですぐ手に入れることができる	26	21
何を買っていいかわからない	14	17
全員すぐに帰宅するから必要ない	14	16
行政が用意してくれる	7	7
社員一人ひとりに備蓄を呼びかけている	6	—
支社、他社等と物資の提供について応援協定を締結している	1	—
その他	14	14
無回答	4	0

4．循環させる非常用物資の可能性

図3-3はミドリ安全(株)で実践している，納品後の防災備品に展開させる顧客サービスの図である。食品であるかないかを問わず，納品したすべての備品について期限把握を行い，不要になる1年程度前には（顧客の承諾さえあれば），回収，再納品等のサービスを行う同社の仕組みが描かれている。また防災備品を循環させるアイデアとして同社では，入学したての高校生に非常食を始めとする防災備品一式を買ってもらい，卒業時，まだ使用期限や賞味期限を2年残した状態で配布し，循環させる方法も実践している。

5．認識されない「食品としての非常食」

最近起きた自然災害で，非常食が喉を通らなくて食べていられない，という被災者のコメントをご存知の方も多いだろう。

非常食に対して消費者が抵抗を感じる原因のひとつに，日頃食べていない食品であるという問題がある。

備蓄する人と食する人が一致していないため，阪神・淡路大震災の経験によると，要援護の人が必要とするような食事が届かず，食事を最も必要とする人が食べることができない状況があった。

また，活動内容によっても欲するものが違うということがある。消火活動に従事する消防士は，まず〝水分〟が欲しい。おそばやお粥のような食事をとりたい。行方不明者の捜索に携わる人は肉を食べにくく，逆に屋外で力仕事をする人は肉を食べたいなど，同じ被災地の活動でも内容により希望する食事も異なってくる。

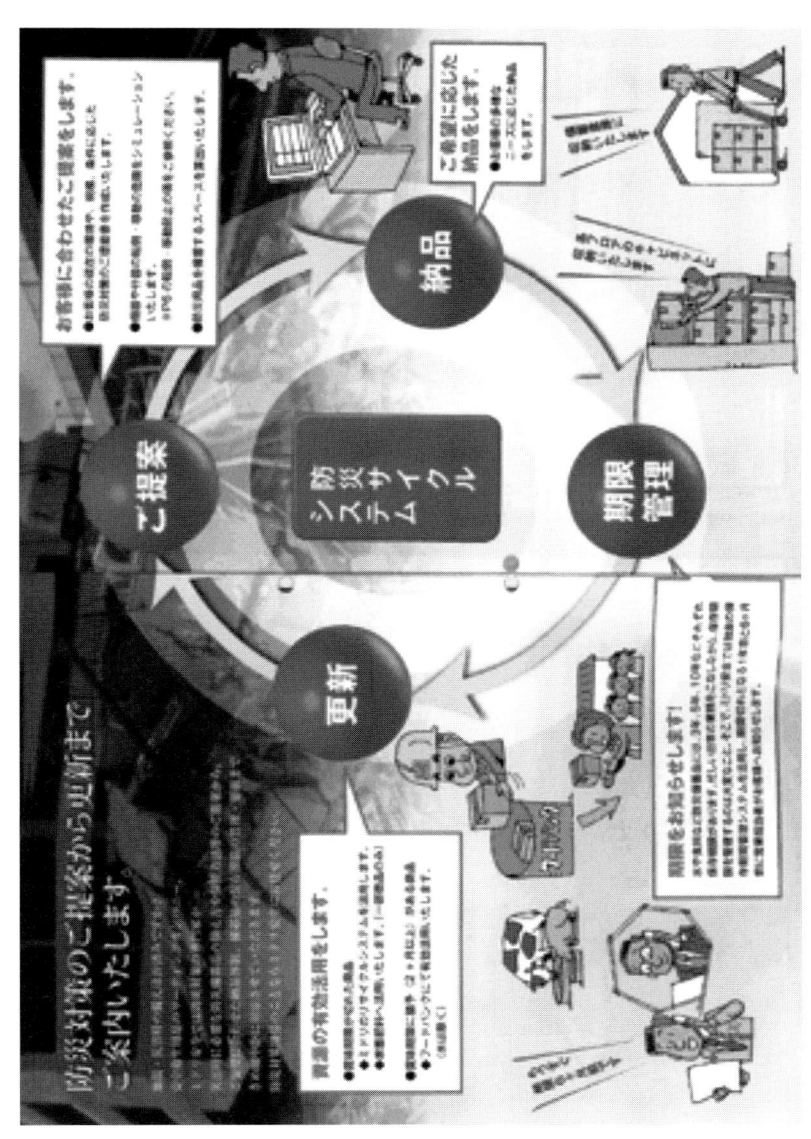

5．認識されない「食品としての非常食」

図3-3　某企業において実践している納品済み防災備品の期限管理（ミドリ安全営業資料より）

第3章　非常食をはじめとする防災備蓄用品の流通のあり方

5-1　賞味期限切れの非常食の処理

　非常食に対する消費者側の最近の動向として，防災訓練や地域安全学会発表会場でアンケートをとると賞味期限切れの非常食について図 3-4 のような傾向がみられる。

　そこでは，破棄，配布が圧倒的に多いことが見てとれる。「4．その他」を選択した人の多くは，自由記載欄を見ると，自分で食する場合が多いので，非常食の自己消費努力をしている人はおおよそ全体の 1/3 といえる。ただし，回答した人々は，防災イベントに参加している人々であり，防災に関心が高い方々といえるので，防災に興味を持っている人でも非常食の自己消費努力は 1/3 程度という言い方が適当であろう。

1. 破棄している
2. 家族や社員へ配布している
3. 防災の日などの訓練日に試食体験で使用している
4. その他

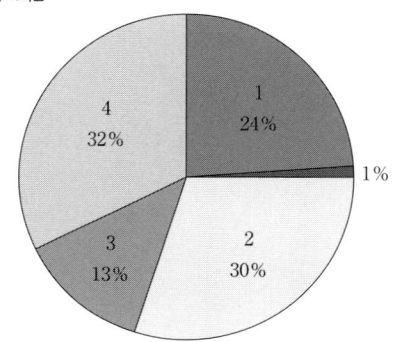

- 1　24%
- 2　30%
- 3　13%
- 4　32%
- 1%

図 3-4　賞味期限の切れた非常食の扱い
（一般市民版，杉並区防止訓練会場，地域安全学会論文発表会
　会場アンケートより，標本数 N = 71）

6．循環する非常食の登場

　これらの点に鑑み，もし非常食が十分においしく，賞味期限が近づいても必ず引き取り手が現われるとしたら，破棄を心配することなく，多めの非常食をストックできるようになる。これが循環する非常食を提案してきた背景であるが，その提案は必ずしも新しい話ではなく，今日のような特殊な保存食を作れなかった時代にあっては，当然のように行われていた話である。それは乾物のように日持ちのする普通食を非常用にストックする，という昔の生活感覚を再現することともいえる。

6-1　循環する非常食の作製努力

　図3-5は，(株)パンアキモトが作製した缶詰パンのリサイクルの仕組みを説明しているが，ここでは，賞味期限（3年間）の切れる1年前にメーカーが製品を下取りし（1缶100円），世界の飢餓地域に流通させる仕組みを確立させており，「破棄」という事態に至る前に，商品を消費させるサイクルを確立している点が特徴である。

　さらに最近の企業努力として，納品した非常食の賞味期限の管理（賞味期限について1年前，半年前，3カ月前の3回通知をする）と回収破棄機能を持つという仕組みを実践する企業（尾西食品(株)，ミドリ安全(株)），購入したアルファ米を社員食堂で提供するN社といった，納品側・消費側の双方の努力も始まっている。

第3章　非常食をはじめとする防災備蓄用品の流通のあり方

図 3-5　リサイクル可能なパンの缶詰
(㈱パンアキモト資料より)

6-2　おいしい非常食の作製努力

　非常食の柔軟性のなさを打破しようとする食品メーカーの努力がいくつかあるが（詳細は参考文献に記されている），概ね「高価」になるか「賞味期限が短くなる」か，である。また，消費者側が非常食の食材を破棄せずに消費する努力も各地で行われている。

　こういった地道なノウハウの積み重ねにより，消費生活のあり方に，ゆっく

りと革命を起こすことが必要であり（革命というより消費生活の「先祖帰り」というべきだが），それが21世紀の生活モデルになるように思えてならない。かつて未来の生活と言えば，無限のエネルギーと無限の消費が想い描かれていたと思う。しかし，今から描くべき未来像は，「大量の生産をしつつも無駄を生まない」という，ある意味では，両立しがたかったテーマを同時に実現することをゴールにしていると言えるであろう。

参考文献
1) 別府茂：非常食から被災生活を支える災害食へ，科学技術動向，No.128，2012
2) 守茂昭：非常食に見る循環型「防災」の必要について，地域安全学会梗概集 No.27　2010

第4章　災害食の機能と備え
── 新たな枠組みと制度改革

奥田　和子[*]

１．はじめに

　東日本大震災は，巨大地震，津波，浸水，原子力発電所事故による放射性物質汚染，火災などが同時発生する複合災害であった。しかも東北地方太平洋沿岸一帯と北海道，関東にまたがる広域災害であった。次の巨大地震は首都圏直下，南海トラフ巨大地震が，首都圏，太平洋沿岸の諸住民を襲うだろうと想定されている。これまでの災害とは異なる都市型の大規模，広域災害になるであろう。被災地に向けて救援物資の食料と飲料水を送ることはかなり困難を伴う。そこで，東日本大震災の実態を検証しながら，同時に安政江戸地震（安政2年（1855）の江戸直下型）と，大正12年（1923）の関東大震災（震源地：相模湾海底，激震地：東京，神奈川，千葉，埼玉，静岡，山梨，茨城）と大火の記録も交えて考察を試みた。

　「発災後混乱状態になってから食料，水を調達してもなんとかなる」という他人事のような甘えた発想は通用しない。発想を切り替えて「今，ものが豊富にあるうちに，〝自己責任〟で備える」という啓発型の発想が望まれる。ただ，住民が自己努力でできることと，自治体や国がしなければできないことがある。ここでは，この両サイドからそれぞれの責務を述べ災害食の機能と備えについて8つの提言をしたい。

---

[*]　甲南女子大学　名誉教授

第4章　災害食の機能と備え ── 新たな枠組みと制度改革

２．災害食の機能を問い直す―カンチガイな災害食

東日本大震災を検証すると災害食は大きく次の5段階に分けられる（図4-1）。

2-1　第1段階はスピード感が必要な時期

2-1-1　発災後1週間以内，大混乱期―しかも余震の多い時期

ここでは関東大震災の記録を参考にしたい。当時大型の強い余震が続き，発災後4日間は地面が揺れてとても煮炊きできるような状態になかった（図4-2）。

2-1-2　すぐ食べられる食べ物とは？

発災後は直ちにガス，水道，電気が途絶える。水の備蓄がない場合，料理は

(日常の食事に戻るまでの約3カ月間
食べ続ける食べ物のすべてを災害食という)

1	2	3	4	5
発災1週間まで	2週間まで	3週間まで	1カ月後～	1～3カ月後～
大混乱期	混乱期		炊き出し期	行政から弁当配布食料店開店
余震				
ライフラインストップ電気早期回復				
人の移動　物流困難救援物資分配困難				
代替熱源なし水調達不可				

奥田和子．東日本大震災からの学び－飲料水と食料の不足－．Kewpie News，第450号，キユーピー株式会社広報室，2011．
奥田和子．缶詰時報，災害時の食を支える缶詰、レトルト食品 なにが求められているか，Vol. 91, No.12, 日本缶詰協会，2012．

図 4-1　首都圏直下地震想定のスケジュール―災害食はどのように食べられるか

2．災害食の機能を問い直す―カンチガイな災害食

```
以下のような状態では，水がもしあっても湯は
沸かせない。
──────────────────────────
◆強烈な余震の恐怖
 関東大震災：1923年9月1日午前11時58分発災
  ＊1時間のうちに3回
  ＊午後2時22分：相模湾震源地の地震新たに発生
  ＊翌2日：6回
◆人体に感じる余震：1日128回以上，2日96回，3日59回，
       4日43回，4日間計326回
◆人々は圧死を恐れて家に入らず夜も屋外で過ごす。
 …地割れを恐れて鉄板の上に座っていた。一種の
 錯乱状態に陥っていた。
```

<small>文献3）吉村 昭．関東大震災．文春文庫，2011，p.140．</small>

図 4-2　発災直後はそのまますぐ食べられるものを

不可能である。東日本大震災では第1段階が約1週間続いた。この間の食べ物は缶や袋から出して「手から口へ」すぐ運ぶことができる食べ物が災害食として最も優れている（**表 4-1**）。

それはどんな食べ物か。

① 缶入り，瓶入り，レトルト食品で封を切ればすぐ食べられる食品で，箸やスプーンがなくても簡単に食べられる食べ物。
② 腹の足しになり，ホッと一息つける，やれやれと心の動揺を押さえられる急場しのぎの食べ物。
③ のどが乾きにくい薄めの味付けが好ましい。
④ おいしいもの。
⑤ 甘みをおさえたもの。
⑥ 塩からすぎないもの。
⑦ 被災者への分配に手間取らないもの。
⑧ それは端的にいえば市販のお菓子をそのまま缶に入れたり，真空パックにしたもの。
⑨ 小分け包装したもの。

表 4-1　多くの行政の備蓄内容は間違い

1	2	3	4	5
発災1週間まで	2週間まで	3週間まで	1カ月後〜	1〜3カ月後〜
大混乱期	混乱期		炊き出し期	行政から弁当配布 食料店開店
主食 腹の足しになるもの	封を開けてすぐ食べられるもの 缶詰 レトルトのおかゆ ビスケットなど 空腹を癒す		・アルファ米 ・パックご飯 ・米	温かいもの 白いごはん とおかず
副食 栄養がとれるもの	封を開けてすぐ食べられるもの 魚 肉 野菜 スープ類 味噌汁 果物の缶詰 レトルト		・カレーライス (缶詰レトルト)	
水の補給	水 茶 野菜ジュース 果物ジュース ペットボトル 缶詰 レトルト			
食料	2,3週間分			
水	1人1日 3リットル×21日分			

2-1-3　東京都の備蓄食品はそれにたえられるか

表 4-2 は，東京都などの自治体が備蓄している食品の一例である。

これらの食品のうち，封を切ってすぐ食べられるものはクラッカー，乾パン，かゆの3つである。残念ながらアルファ米，即席めんは発災直後には使用しにくいので，東京都の場合はクラッカーの79万食，江東区はクラッカーとかゆ合計28.4万食，荒川区はかゆと乾パン合計14.8万食しか発災直後は役立たない。ほぼ全体の約半量しか直後に役立たないことになる。

そこで，横浜市では最近こうした機動性のない備蓄を改め，封を切ったらすぐ口に運ぶことができるスピード感のある備蓄体制に切り替えた。クラッカー，ビスケット，缶入りパンに変更した。合計177万食のすべてが直後の大混乱期に分配される。革新的な備蓄内容で注目したい。

要は使いにくい備蓄食品を抱えていると避難生活者を空腹にさらし，がっかりさせることになり，期待に応えられない。

東日本大震災では避難所で食料が不足した。その原因は，交通渋滞による食料の流通，分配の遅れが主原因であるが，すでに届いてはいたがそれらの食品がミスマッチで食べることができなかったという側面がありはしないか，じっ

2．災害食の機能を問い直す—カンチガイな災害食

表 4-2　東京都備蓄食料・主食系

	アルファ米	クラッカー	かゆ	乾パン	即席めん	出所
東京都	106万食	79万食 これだけが役立つ 全体の42％相当	×	×	120万食 ただし流通備蓄	東京都福祉局生活福祉部 2012.11.2 現在　私信
江東区	28.8万食 53％は役立たない	27.2万食 1人1食（人口46万）	1.2万食	×	×	ホームページ 2012.3. 現在
荒川区	13.3万食 50％は役立たない	×	0.5万食	14.3万食	×	ホームページ 2012.8.10 現在
横浜市*	×	クラッカー70万食 ビスケット60万食 缶入りパン45万食	計177万食		×	危機管理室 私信 2012.12.13

*　横浜市避難人口150万人＋帰宅困難者44万人＋予備＝166万4千食すぐ食べられるものを備蓄している。
　　神奈川県には市民用の備蓄はない。（災害対策課安全防災局危機管理部電話問い合わせ2012.12.13）

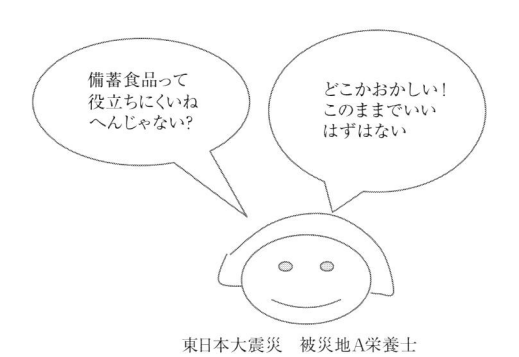

図 4-3　役立つ備蓄食品を

くり検証する必要がある（図4-3）。阪神・淡路大震災でも大混乱期では同様の教訓を得ている。

2-1-4　ミスマッチ災害食

災害時の食事内容は時間の経過とともに変化し，東日本大震災では5段階の経過をたどった。それぞれの時期にマッチした適合性の高い食べ物を分配するよう提言したい。

第4章　災害食の機能と備え — 新たな枠組みと制度改革

　東日本大震災の発災後，被災地を訪ね栄養士さんに聞き取り調査をした（2011.5）。「どうもおかしい」「なにかがおかしい」とある栄養士が力を込めて私に訴えた。「はあ？」と私はけげんな表情で顔を近づけた。「災害食が実際に役立たないのです。食品業界は何を考えて食品づくりをしているのでしょうか」と訴えた。「水がない，熱源がないなかでどうしてこれらの食品が食べられますか」。これは備蓄食品の多くを占めるアルファ米，インスタントラーメンなどのことを指しているようであった。なぜ，よかれと思って届けた食品が被災地で受け入れられないのか。送る側として反省が必要である。

　発災直後，避難所にたどり着いた被災者はお腹を空かせて食べ物の到着を待ちわびる。そこへ到着するのは保存性の極めて高い乾燥した食品群（アルファ米，インスタントラーメン，サバイバルフーズなど）である。水と熱がない場合どのようにして食べるべきか，とまどう。せめて乾物を戻すための水がほしい。もしなければこれらの食べ物はもとの姿には復元できない。

　国は，できるだけ数量を多く，早く運びたいと願っているようだが，現場はおおいに迷惑しているのである。近隣の自治体がこうした「すぐに食べられない食品」を多く備蓄し，これを救援物資として被災地に差し出すが，被災地は困惑する。なぜ，すぐ食べられない食べ物をトラックに積んで混雑した道路を急いで走り続けるのか。この矛盾をご一考願いたい。

　誤解のないようにしておくが，この手の食品が全くダメだというわけではない。大混乱期にはミスマッチでも，発災2週間後の時点になれば，水のめどが付き，電気も回復して電子レンジが使えるようになり，おいしく食べられる。しかしその時期までは役に立ちにくいのである。

2-1-5　食料不足

　阪神・淡路大震災でも避難所の食料が不足した。避難所では人数分の食品数量が揃うまで分配できないで時間待ちしていた。数量の足りない食べ物を分配すると，不満や争いが起こるためである。本来は子ども，高齢者，弱者を優先的にいち早く配ることを勧めたいのだが，悪平等が幅を利かせていた。

　関東大震災では，当時の政府は飢餓状態の避難民に食料を与えることが不可

2．災害食の機能を問い直す―カンチガイな災害食

> 9月1日　飲まず食わず
> 9月2日　飢えが始まる
> 避難民たちのうち全く食べ物を携帯していない者1万人に限り乾パンを1人5個ずつ配った。
>
> 皇居前広場30万人
> 芝公園5万人
> 靖国神社境内3万人
> 深川清澄公園5千人
> 須崎埋立地5万人など。

> 食料備蓄：政府機関，軍隊ともに貯蔵してあった食料を放出したが，食料庫の大半は焼失。
>
> 政府は飢餓状態にあった罹災者たちに地方へ行くことを奨励し，罹災者たちも故郷や身寄りを求めて災害地から離れることを希望した。
>
> 「地方分散政策」をとる。ただし鉄道不通。

文献3）吉村　昭．関東大震災．文春文庫，2011．p.134，p.206〜209．

図4-4　関東大震災の食べ物事情　―飢えと渇きに苦しむ　食料乏しい

能と考えて，避難民を地方に疎開するよう勧めている。関東大震災では飢餓者，渇きのために苦しむ人が多数であったと記録されている（**図4-4**）。ちなみに，関東大震災では，発災当日は飲まず食わず，翌日から飢えが始まった。そこで配られたのは，今日と同じように乾パンであった。この早い対応，スピード感には驚く。しかし，図4-4のように40万余の避難民のうち乾パンは1万人がもらったにすぎない。

2-1-6　スピード感のある対応例―レスキューフーズ，キッチンカー

今日，目覚ましく食品の加工技術が進展し，スピーディに対応ができる商品がすでに開発されている。それはレスキューフーズと呼ばれる災害食である（**表4-3**）。袋の中に発熱剤と食品を入れ，添付の水溶液を加えればアツアツの状態に温められ，日常食と同じ状態になる優れた商品である。しかも単品の手抜きではなく，ご飯とおかずと汁の3点セットに組み合わせてある。これは発災直後の大混乱期でも屋内屋外を問わず十分対応できる。しっかり腹ごしらえをして災害時のダメージと戦わなければならない消防署員，原子力発電所の緊急対応作業員など働く人の食事を支えていた。しかし，これは阪神・淡路大震災後に生まれた。当時は飲まず食わずの状態で消防署員などは働いた。働く人がすき腹をかかえていては避難者を助けることは難しい。その場しのぎの簡略

表 4-3 スピード感, 工夫の試み ── 被災者の願い ──
一刻も早く, 温かく, 食べ慣れたものを

	1	2	3	4	5
	発災1週間まで	2週間まで	3週間まで	1か月後〜	1〜3ヵ月後〜
備蓄食品の適合性	大混乱期	混乱期		炊き出し期	行政から弁当配布 食料品店開
特徴	早い	温かいぬくぬく	おいしい	飲み物とセット	内容
レスキューフーズ	○	○	○	○	パックごはん カレー 牛丼 シチュー 中華丼（すべてレトルト） 味噌汁（缶）
キッチンカー	○	○	○	○	パックごはん 味噌汁 カレー 冷凍うどん

なものとは本質的に違う。

　もう1つ，迅速に対応できるものとしてキッチンカー方式を提言したい（**図4-5，図4-6**）。キッチンカーは値がはるので経済的には難点ではあるが，スピード感のある対応ができる。

　大混乱期には，ご飯を炊き，おかずを作るというような煩雑な使い方でなく，パックごはんを温め，それにおかずの缶詰を1缶そえる，あるいはおかゆのレトルトパックを温めてごま塩，ふりかけを添える，あるいはパックごはんにレトルトのカレーを添えるなどさまざまな対応が可能である。避難所の人数に応じた対応が可能である。もし冬場なら温かいお茶の一杯がふるまわれると被災者にはありがたい。発災後落ち着いてきたら，米を炊き，豚汁などとセットにして手渡すことができるだろう。温かいものは何よりのごちそうである。

　キッチンカーの内部は広く，炊飯器，湯沸しなど可能。プロパンガスなどを搭載できる。水はタンクに備蓄できる。排水は車体の下部に貯められる。調理台も広い。避難所を巡回できる。災害時以外にも厨房の改装時や病院の食中毒発生時にはこのキッチンカーを横付けして臨時厨房として貸出しもできる。フル活用すれば投入した資金を回収することもできる。

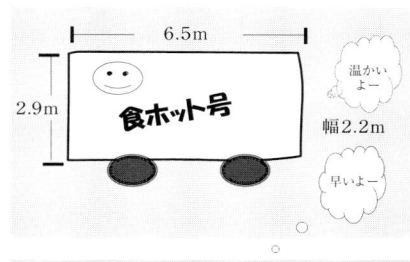

2．災害食の機能を問い直す―カンチガイな災害食

図 4-5　とりあえず飢餓を防ぐ

図 4-6　キッチンカーの内部

資料提供：株式会社ゼック石川県森村氏
076-294-2000

2-1-7　災害食の機能と宿命

　災害食とは，発災直後から日常の回復状態に至るまでの期間中に食べる食べ物のすべてを指す。単品ではおにぎりのように日常の食事内容とほとんど変わらないものもあるが，しかし災害食は日常の食事スタイルとは比べようもないほど日常食に劣る。

①ご飯とおかずと汁といった１汁３菜の献立の組み合わせができない場合が多い。
②嗜好性が乏しく，簡素で保存性の高い加工食品が多い。
③味が単調になりがちなので，同じものの繰り返しになりがちである。飽きがこないように多様なものを用意すること。
④日常の食事では温かいものは温かく，逆に冷たいものは冷たくして食べ物の適温を重視するが，そうした温度管理ができない。
⑤皿が洗えないので，使い捨て食器が使われ，殺風景な味気ない食事になりがちである。

　災害時はともすれば家族を喪い，家屋を失い，大切な持ち物を失うなど精神的ストレスがたまりやすく落ち込みがちである。負傷し，持病の薬が底をつき，体調をくずし食欲も弱まる。できればふだんと同じかそれ以上のおいしい

53

好物を備蓄して心を慰め癒してほしい。普段より悪かろう，安かろうの劣悪な食べ物は喉を通らないと考えておくのが賢明である。

2-1-8　長期におよぶ災害食―経過時期にふさわしい食べ物を

　東日本大震災では約3カ月間普段の食事には戻れなかった。その間，食を取り巻く環境は少しずつ良い方向に変化した。もっとも肝心なのは発災直後の大混乱期の対応がいかにうまくいくかどうかである。この時期は手を加えずにすぐ食べられる災害食が必要であるが，これが不足しがちである。そのために避難者の落胆や不満が大きい。発災直後にすぐ食べられるいわば「ニーズにマッチした災害食」が必要である。この認識が欠けている向きがある。残念ながら多くは「ミスマッチ災害食」が意外に多い。発災後すぐ食べられる食品の開発を食品業界にぜひ望みたい。また購入側も災害時のどの時期に食べるのかを想定し，時間の経過に合わせた対応食品を時系列別に備蓄し分配するように提言したい（**表4-4**）。

2-1-9　まとめ―安政の江戸大地震に学ぶ

　1855年に発生した安政の大地震と比較すると，被災者に対する町奉行の対応の方が今日の自治体よりずっと手早いことがわかる（**図4-7**，**図4-8**，**図4-9**）。

表4-4　同じ米製品でも災害時のタイミングによって使えないものがある

	災害時の経過	煮炊きの環境	レトルト	おかゆ缶	おかき缶	アルファ米	パックご飯	白米
1	発災直後	水 ガス 電気なし	○	○	×	×	×	××
2	2週間まで	電気回復	○	○	○	○	○	××
3	3週間まで	〃	○	○	○	○	○	××
4	1カ月後	〃	○	○	○	○	○	○
5	2〜3カ月後	まだらな回復	○	○	○	○	○	○

2. 災害食の機能を問い直す―カンチガイな災害食

```
発災　1855年10月2日午後10時
10月2日夜　町奉行所で救済策を評議
　　　第1　罹災民へ握り飯を配布
　　　第2　宿無しになったものに救済小屋を建てる
　　　第3　御救米の施与（ただしこれはまだ後の
　　　　　　ことなので後回し）
10月4日　町にお触れをだし，公にする
　　　仮小屋10月5日夕刻浅草，深川設置
```
文献2）北原糸子，災害の社会史，講談社学術文庫，2000, p.260.

図4-7　安政江戸大地震　―町方の救援

```
震災後9日目
・被害が甚大なところに限られていた。
・10月13日～19日までの7日間
・焚き出しをもらった延べ人数＝20万2,400人・
　　　　　　　　　　　1日 実人数2万8,900人
・以下5カ所
　　　向柳原町会所　　上野大門町（松阪屋焼跡）
　　　牛込神楽坂穴八幡御旅所　芝神明宮境内
　　　深川永代寺
・各町から長持ちなどを持って出向き，握り飯を運び帰る。
　握り飯には梅干し・沢庵2切れをつけて紙包みにして
　あった。被災者だけでなく生活に困ったものは誰でも
　もらいに来てよかった。
```
文献2）北原糸子，災害の社会史，講談社学術文庫，2000, p.260.

図4-8　焚き出し＝握り飯の配布　安政江戸大地震

```
対象者：「その日しのぎの者」38万1,200人
　　　男（15～60歳）1人白米5升（7.5kg）
　　　男（15歳以下，60歳以上）1人白米3升（4.5kg）
　　　女（すべての年齢）1人白米3升（4.5kg）

支給時期：11月15日～11月24日までの10日間

受給者比率％＝約67％（日稼ぎ階層が多かった）
```
文献2）北原糸子，災害の社会史，講談社学術文庫，2000, p.263.

図4-9　御給米の支給

第 4 章　災害食の機能と備え ── 新たな枠組みと制度改革

　町奉行は発災当日の夜には早くも救済策をたて，にぎり飯を配布すると決定。発災後 9 日目にはすでに炊き出しの「握り飯」を配っている。7 日間の合計で給与された人数は 20 万人以上である。握り飯には漬物，梅干しがついていたというから驚く。しかも被災者だけでなく生活に困った人はだれでももらいに来てよかったという（図 4-8）。

　さらに，驚くのは時系列でニーズにふさわしい救済をしていることである。総花的に一括給与するのではなく，まず握り飯を配り，1 週間以降には「米」を供給するという段取りである。実に理路整然としていて手際がよい（図 4-9）。

　大人の男には 1 人白米 5 升，子どもと女性には 3 升，全人口に占める受給者割合は約 67％，38 万人に相当する。避難生活者が飢え死しないように血のかよった政策を行っている。米が配られたのは，発災後 1 カ月目である。町奉行所の行政手腕が十分発揮されている。現在の行政は 150 年前の江戸の町奉行に比べて途方に暮れるのが長く，行政手腕がない。「勝手にさらせ！」とただ放任しているわけではないが，ただただ無策である。本来は行政が責任を持って 150 年前の行政を見習い，救済措置を取るといい。

2-2　第 2 段階：救援物資

　大混乱が少しおさまり，気持ちに余裕ができる。石油ストーブや釜が運ばれ，テントが運動場に張られ，水も近隣の井戸から運ばれてくる。こうした状態になって初めて湯が沸かせるようになり，飲みたかった「温かいお茶」が飲める。最初は役立たなかったアルファ米，インスタントラーメン，乾燥スープ，フリーズドライの味噌汁などがなんとか利用できるようになり，被災者を喜ばせる。そしてどこからともなく握り飯が届いたりする。しかし，食料の絶対量は不足している。同じ食べ物が繰り返し分配され被災者はうんざりする。ただ「普通の食事が食べたいのだ」と本音がでてくるようになる。しかし，ライフラインがないため，食事作りは困難を極める。

　この混乱期に届く救援物資がいかに役立ちにくいか，バラバラに届く使いにくい例を示した（図 4-10）。必要な食品がバラバラに届き，分配の段階でさら

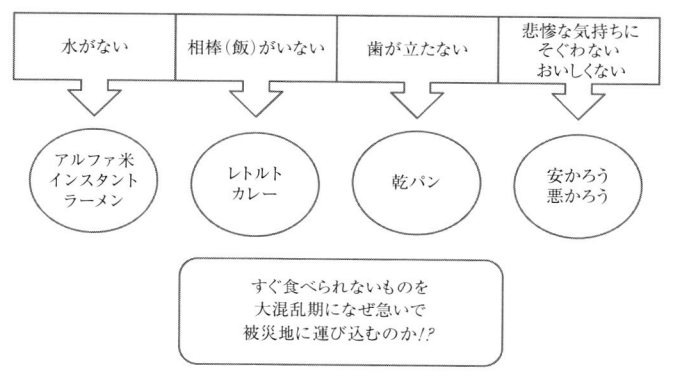

2．災害食の機能を問い直す—カンチガイな災害食

```
水がない          相棒(飯)がいない    歯が立たない      悲惨な気持ちに
                                                    そぐわない
                                                    おいしくない
   ↓                ↓                ↓                ↓
 アルファ米        レトルト           乾パン           安かろう
 インスタント      カレー                             悪かろう
 ラーメン

              すぐ食べられないものを
              大混乱期になぜ急いで
              被災地に運び込むのか!?
```

図4-10　救援物資の中身が問題

にバラバラになり，セット状態で届きにくいからである。セット状態とは，アルファ米は届いたが水が届かない。1人分1袋（100g 入り）のアルファ米を戻すには 150ml の水が要る。50人分，5kg のアルファ米に水は 7,500ml 要る。1リットル入りのペットボトルが約 7.5 本なくてはならない。

2-3　第3段階：炊き出し

2-3-1　炊き出しが抱える問題

東日本大震災では被災生活3カ月間の約1/3，1カ月位でようやく炊き出しが始まる。ここでいう炊き出しとは，外部から一時的に訪問する単発的な応援部隊でなく，恒常的に食事を提供する場合を指す。

避難所生活者はおおいに炊き出しに期待している。しかし現実には1日3食の食事が提供されるケースは少ない。昼食1食，ないしは夕食1食である。この時期になると避難所での生活にも慣れ災害食に飽きている。おいしいものが早く食べたいという要望が強まるので，それに見合う食べ物が期待される。質の悪い，おいしくない災害食はもはや敬遠される。おいしいものでないと受け入れられない時期である。保存食ではなく新鮮な食べ物がほしい。野菜や果物がほしい。この時期はおいしさへの要求が次第に高まることを理解すべきであ

る。

　東日本大震災では，はたして炊き出しはどのように行われたのだろうか。まずその実態を検証する（図 4-11）。東日本大震災では，ガス，水道，電気は発災直後停止したが，徐々に回復していった（表 4-5，表 4-6）。ガス，電気，水道の中では電気の回復が最も早く，回復の遅かった宮城県，福島県でも 1 週間後には各 85％，84％，1 カ月後には各 93％，85％の回復率であった。1 週間後には電気を使用することができた。ガス，水道が停止した戸数は電気に比べて多い。2 週間後になると青森県で 100％，福島県では 38％回復しているがその他の県ではほとんど 0 に近い。水道停止戸数は全体的にガスより多く 2 週間後でもはかばかしい復旧は見られない。2 カ月後には宮城県 13％，福島県 2％の復旧率を除いて他の県では 100％復旧している。停止戸数が多いほど復旧時間がかかっている。宮城県，福島県では，電気のみに頼り，ガス，水道が停止したままの状態が長引く中で炊き出しをしなければならない状況にあったことがわかる。

　こうした中で，どのように炊き出しは行われたのか。炊き出しは多くの提供者によって多様な方法で行われた。大きく分類すると，次の 7 つになる。

　①自衛隊による給食支援…北海道，東北 7 県
　②大量炊事のできる給食サービス業者に委託…福島県相馬市
　③企業による給食支援…スピーディな初期対応
　　　　　　　　　　　　近隣住民への長期対応
　　　　　　　　　　　　遠隔地からのボランティア活動
　④ NGO，NPO の活躍…長期間の広範な支援
　⑤コープによる支援…岩手県
　⑥食材の支援…野菜，果物，米などの支援活動家
　　　　　　　　フードバンク山梨
　⑦地域住民による自力での給食活動
　　　　　　　…宮城県塩竈市寒風沢島の自給自足
　　　　　　　　宮城県塩竈市桂島市民の自給自足

2．災害食の機能を問い直す―カンチガイな災害食

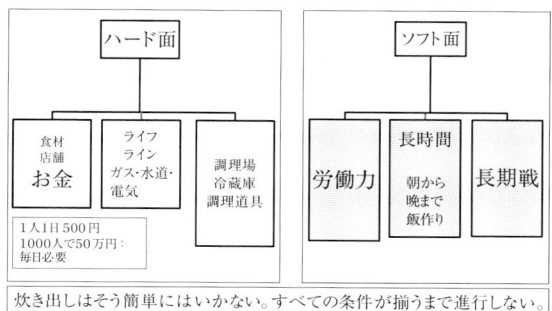

```
        ┌──────┐                      ┌──────┐
        │ハード面│                      │ソフト面│
        └──┬───┘                      └──┬───┘
  ┌────────┼────────┐          ┌────────┼────────┐
┌─┴─┐  ┌──┴──┐  ┌──┴──┐     ┌─┴─┐   ┌──┴──┐  ┌─┴─┐
│食材│  │ライフ│  │調理場│     │労働力│  │長時間│  │長期戦│
│店舗│  │ライン│  │冷蔵庫│     │    │   │朝から│  │    │
│お金│  │ガス・水道│ │調理道具│   │    │   │晩まで│  │    │
└───┘  │・電気│  └─────┘     └───┘   │飯作り│  └───┘
        └─────┘                      └─────┘
1人1日500円
1000人で50万円：
毎日必要
```

炊き出しはそう簡単にはいかない。すべての条件が揃うまで進行しない。しかしライフラインの回復を待っていてはラチがあかない。

図 4-11　炊き出しの要件　発想を転換せよ

表 4-5　東日本大震災時の停電戸数と復旧率％

	2011・3・11 22：00	2011・3・18 22：00	2011・4・11 16：00	2011・5・13 16：00
	約戸数（万）	復旧率％		
青森県	90	93	100	100
岩手県	76	94.1	96.1	100
宮城県	138	85.3	93.3	98.8
秋田県	66	100	100	100
山形県	50	100	100	100
福島県	24	84.1	85.2	100

資料：東京電力を基に石井　敏氏調べ　復旧率は津波で流出地域を除く戸数

表 4-6　東日本大震災時のガス，水道供給停止戸数と復旧率％

	ガス		水道	
	2011・3・11	2011・3・25	2011・3・15	2011・5・11
	供給停止 戸数	復旧率 ％	断水 戸数	復旧率 ％
青森県	1,236	100	40	100
岩手県	6,342	0	約 11万	20
宮城県	336,980	1	約 32万	13
秋田県	—	—	約 1,400	100
山形県	—	—	約 6,600	100
福島県	18,586	38	約 32万	2

資料：日本ガス協会を基に石井　敏氏調べ　復旧率は津波での流出地域を除く戸数

第4章　災害食の機能と備え ― 新たな枠組みと制度改革

2-3-2　自衛隊による食事支援

　自衛隊は炊飯車を持っているが，これは隊員の訓練時の食事を供給するためのいわばキッチンカーである。1回の炊飯量は250食で大量に炊飯できない。朝3時に起床し，炊飯準備，汁ものの野菜刻みに精をだし，避難生活者が起床する時間にはアツアツのご飯が出来上がっていた。延べ500万食の食事を提供している（図4-12）。

　自衛隊の支援活動の守備範囲は広く，飯炊きだけをしているわけではないが自分たちの食事はそっちのけで目いっぱい被災者に貢献した。自衛隊は〝飯炊き〟ではなく，本来の国防という任務がある。自衛隊に全面依存せず「食事作りは自分たちで」という気構えがほしい。

```
◆支援地域：北海道 岩手 宮城 福島
          茨城 青森 千葉 の7県道
◆最大：100箇所の部隊で行う
◆期間：宮城県－8月31日が9月まで延びた
       福島県は10月まで
◆食数500万5,484食
◆市町の要請に基づいて応じる形 メニューも要請通り
   ＜例えば多賀城市では味噌汁のみ
    ご飯は市の業者がした。自衛隊の場合炊飯は1回に
    250食（1回の炊飯量：50人分。釜が5個）しかでき
    ない＞
```
＊東北方面総監部　陸上自衛隊統合幕僚監部　駐屯地
　広報　東北隊広報室への筆者聞き取り調査

図4-12　自衛隊による給食支援

2-3-3　シダックス方式に学ぶ

　これは東京に本部を持つ日本給食サービス協会の一会員である。駅弁などの大規模な食事の提供を行うプロ集団である。3,000人分の食事を90日間続けおおよそ27万食提供している（図4-13）。宮城県相馬市との契約によるものである。このように大量，長期的な炊き出し業務は本来プロの業務であり，自治会や避難所の有志が志願してできるものでは決してない。

2. 災害食の機能を問い直す―カンチガイな災害食

```
・調理場：学校給食施設使用　文部科学省と交渉
・食材置き場：被災会社の冷蔵庫を借りる
・調理人：東京の調理師10人　＋　現地の被災者で調理師
　　　　　　を雇用?
・食材：東京から毎朝大型バス1台で運び込む（高速道路）
・食器と箸：使い捨て
・経費：1食155円×3＝約500円（1日3食）90日間

＜被災者数：給食が始まったときは3,000人避難所8カ所＞

・金銭的にペイしたのか？　「人助けの精神でやりました」
・水道（即日），電気（1週間）が回復していた
・「シダックスフードサービス（株）」は
　　　　　　　　　　　　　　代表取締役　志太　勤一氏
日本給食サービス協会の会員でもある
会社は東京都渋谷区神南
```
2011年　筆者によるシダックス会社広報部への聞き取り調査

**図 4-13　東日本大震災福島県相馬市
　　　　　―シダックス方式の例に学ぶ**

2-3-4　長期間継続・初期対応した企業の例

　ここでは3つの企業の例をあげた。すべての諸経費は会社負担であり，無償のサービスである。まず長期継続した企業例を2つあげた（**表4-7**）。

　1つはサッポロビール仙台工場（名取市）である。9カ所の避難所に90日間，5万食配達した。会社の広報に電話で取材したところ，料理は社内の外来食堂のシェフが担当し，水や自家発電は社内で調達した。米，食材の一部は社外からも応援があった。発災後工場に流れ込んできた付近住民を手厚く寝泊りさせて食事を提供していたが，やがて避難所へ向けて食事を配達し始めた。会社が被災したなかで長期にわたる無償の地域社会貢献をしている。

　2つ目の企業は和歌山の東洋精米機製作所である。精米のスペシャリストであるため無洗米，しかも特殊な精米方法により胚芽の基底部を残した栄養量リッチな金芽米を製造している。さらに5kg炊きの釜を所有・販売している。水は別途に持参し，ご飯とおかずのセットメニューで被災地全域を巡回し，温かいおいしいご飯を提供した。3月22日というかなり早い対応である。

　3つ目，発災直後に力量を発揮したのは，地元イオン石巻店である。発災当日店内で買い物をしていたいわゆる帰宅困難者を救済した。毛布を与え，店内

第4章　災害食の機能と備え ― 新たな枠組みと制度改革

表4-7　長期継続または初期対応した企業例

サッポロビール仙台工場（名取）	3/13～6/4	約90日間	5万食	避難所9箇所 ・南三陸町5,690食 ・名取避難所44,393食	調理した食べ物	無償 会社が負担したのは約1,500万円
イオン石巻	3/11.12日	2日間	1,000人×2	イオン石巻ショッピングセンターの来客で被災したもの	店内の食品	無償
東洋精米機製作所	3/22～4/8 3/19～5月末	18日間 炊き出しボランティア：NPO、アジア友の会、生協など	1日3食9,000食3,000人分10団体に炊飯釜と無洗米10トン提供	避難所2ヵ所 被災地全域に	温かいご飯とおかず	無償 企業負担約800万円

にある食品を集めて提供した。店内には帰宅できない来客が1,000人いた。これらの人々に2回分の食事を提供し一夜の宿を提供した。

　これは，集客施設の事業主は発災時にこうした対応が求められるという教訓で，おおいに参考になるケースである。災害を想定し毛布や食料，飲料水などの準備をしておくことが望まれる。

2-3-5　NPO，NGOの活躍

　NPO，NGOの活躍を**表4-8**に示した。いずれも温かい食べ物を提供し6月以降は温かい食べ物・惣菜料理を避難所約30カ所に提供している。7月からは大船渡市，陸前高田市に計10万食の支援をしている。すべて独自で得た募金をあてている。お金がなければ，こうした支援はできないことを物語っている。

2-3-6　食品を集めて提供するプロジェクトの活躍

　果物，野菜，その他の食品を生産者から集めて被災地に届けるシステムを確立している団体である。発災直後は「腹の足しになる食べ物」がありがたい。しかし次の段階に移行するにつれ，質や栄養が問われる時期にさしかかる。炊き出し期はまさにその時期である。この時期に果物，野菜を提供するプロジェ

2．災害食の機能を問い直す—カンチガイな災害食

表4-8 NPO, NGO の活躍

NGO	ピースボート災害救援	3／24～5／17	54日間	34,710食(3月 2,000食4月1万8,400食5月1万4,310食)	避難所26箇所	温かい食べ物	独自の募金を当てる
NPO	Bridge Asia Japan まごころキッチン高田の協力	6／8～7／10	30日間	6,856食	避難所35箇所	惣菜料理温かい料理	独自の募金を当てる
NPO	Bridge Asia Japan 地元のさんさん会と協力	7月	1月間	10万食	大船戸市8,500食陸前高田市1万食	惣菜料理温かい料理	独自の募金を当てる

表4-9 食品を集め提供する団体

果物	フルーツツリープロジェクト	4／29～5／8	40日間	1,000人分1日2個配布	リンゴバナナなど	募金を当てる	
野菜	被災地に農を届けるプロジェクト峯 竜一代表	4月～9月末(さらに延長)	5ヶ月以上	1万世帯20万回27避難所	野菜米果物など	募金を当てる	
フードバンク	山梨	多様な食品群			水, 食品	寄贈品を配る	

クトの意味は大きい（**表4-9**）。

　野菜が足りないというニーズは被災地から多く発信され，昼食に野菜が足りないという調査結果である（**図4-14**）。特記しておきたいのは，ここでも募金を資金源にしていることである。お金の裏付けを持たないと何もできないこと

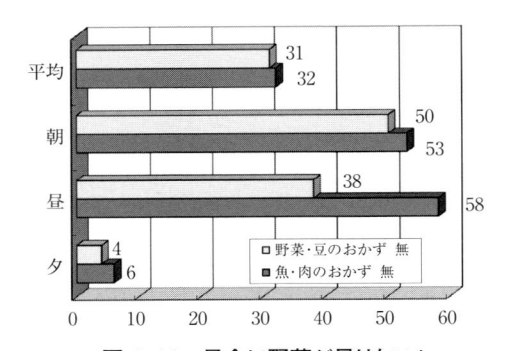

第4章　災害食の機能と備え ― 新たな枠組みと制度改革

図4-14　昼食に野菜が足りない！
東日本大震災避難所のおかずの有無の％
（情報源：福島保健事務所調べ2011年4月20〜28日
避難所159箇所回答より奥田和子作成）

表4-10　生協のボランティア活躍

岩手県	5／10〜7月	2カ月半	5,918食	陸前高田市と大槌町の避難所	弁当	生協店舗での募金を当てる

が明白である。

2-3-7　生協のボランティアの活動

　生協のボランティアが被災地で活躍している。5月から2カ月半にわたって避難所に弁当を届けている（**表4-10**）。生協店舗での募金をあてているのが注目される。食品業界は募金活動をより活発化し，それを避難所の食事作りにあてるためのネットワークをつくり，避難者の健康づくりに貢献していただけないものか。

2-3-8 自給自足の挑戦

　塩竈市の寒風沢島，浦戸の桂島では，ともに自給自足の対応をしている（**表4-11**）。救援に頼らないで自立した食のリスク管理を行っている。自給自足で島の住民の食事が完結することに驚きを感じる。食の原点を見る思いである。もちろん，料理能力が伴っているからこそできることでもある。

表4-11　住民自力の食生活獲得

塩竈市 寒風沢島 （さぶさわ）	3/25〜	島のものが米と野菜を持ち寄った。卵は150個集まる	自給自足
塩竈市浦戸桂島	被災直後	自分たちで持ち寄った食料で料理を作り分け合って食べた	備蓄による自給自足

2-3-9　炊き出し場所の提供

　阪神・淡路大震災では学校給食の施設は使用禁止であった。被災していない施設でお茶を沸かすことさえできないのは実に残念であった。しかし，2011年3月11日発生した東日本大震災では，4月から使用が許可された（**図4-15**）。今後はおおいに有効利用してもらいたい。ただ，児童数が少ないと給食施設も狭い。兵庫県芦屋市では平均児童600人分の学校給食をしている。もし1,200人の避難生活者が集まってくると炊き出しは困難になる。また学校が再開し学校給食が始まると，生徒たちの給食が優先するのでその合間に被災者は使用させてもらうことになる。被災地の小学校の給食室は水道管，ガス管が外れ，器具が壊滅状態で足の踏み場もなく使い物にならない。被災をまぬがれた学校の施設を使用することは可能であろう。

第4章　災害食の機能と備え ── 新たな枠組みと制度改革

> 文部科学省：災害時学校給食施設の運用
> ・2011年4月から使用できる
> ・手続き：開設の届けを市町に出す→都道府県へ連絡が行く←わかりましたという返事が戻ってくる。
> ・炊き出し業務については衛生管理に十分留意のこと。
> ・市町に通達が出ている（たとえば静岡県教育総務課では通達を聞いているとの返事 2012.3.）

図 4-15　学校給食の施設が使えるようになった！

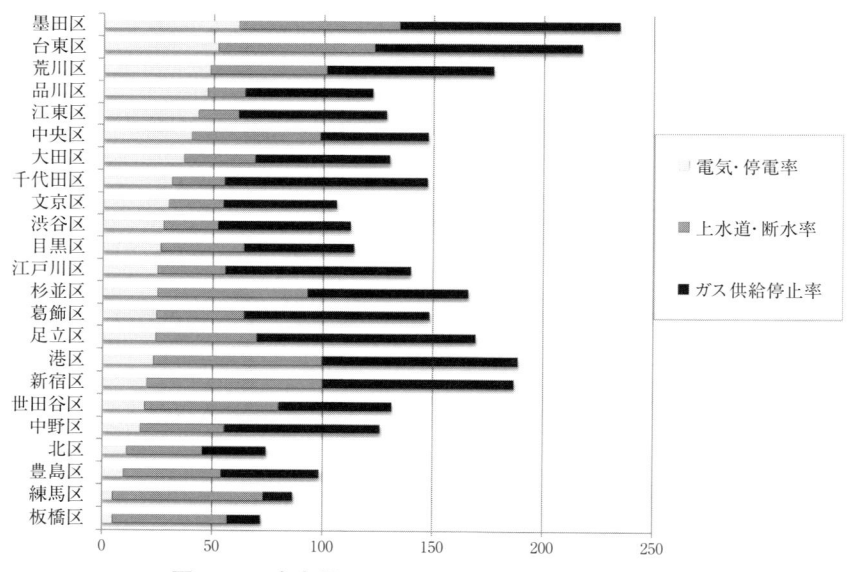

図 4-16　東京都 23 区ライフライン停止率％の合計
「首都圏直下地震による東京の被害想定」東京都総務局総合防災部
防災管理課編集発行　2012.5.　冬 18 時　風速 8 m/s

2-3-10　首都直下地震で想定されるライフラインの停止

さて，首都圏が地震に見舞われた場合，東京23区ではガス，電気，水道が停止する。この三者の比率を示した（図4-16）。区によってガス，水道，電気

2．災害食の機能を問い直す―カンチガイな災害食

> ① お金の問題がネックである。お金の調達方法ができないとすれば
> ＊食材の調達不可能。
> ＊長期化に対応できない。
> ② 避難生活者の人数規模が大きい場合，素人集団による調理は無理。炊き出し業務を専門の飲食業者，プロ集団に委託する方法が賢明。
> ③ 災害時特化の調理師(スタッフ)を養成しておくことも将来的には必要である。資格保持者には予備登録を呼びかけネットワークを作っておく。
> ④ 調理はボランティアでは簡単にいかない。衛生的にも問題が出る。ウイルス性感染症の拡大危惧もある。

図 4-17　炊き出し問題提起―4項目

の停止率に大差がある。電気，ガス，水道のうち，最も回復が早いのが電気で，ついで水道，ガスの順である。停止率の高い区では代替燃料，水の備蓄を多目にすることが必要である。料理は3つのうちどれか1つが欠けても不便である。とくに水は貴重である。洗い物ができないため料理に制約がかかる。衛生的な問題も大きい。

電気に比べてガス，水道の復旧が遅れるので，この比率の高い区は普通の食事作りがしにくい。備蓄を多目にする，あるいは，ガス，水道，電気の代替―カセットコンロ，プロパンガス，貯水槽，自家発電などを準備するのが賢明である。

2-3-11　炊き出しの問題提起―まとめ

炊き出しには以下のような問題がある。この段階へ移行したいが，前図4-11に示したようにハード面，ソフト面の双方の枠組みの変革が求められる。とりわけ経済的な裏付けがないと炊き出しはできない。条件整備のために4つの問題提起と制度改革を切に望む（図4-17）。

2-4　第4段階：災害救助法による食事の提供―抜本改革の必要性

「災害救助法」は国が地方自治体にたいして援助する法律であり，被害の状況や規模によって発令される（図4-18）。この法律を適用した食べ物と飲み物

第4章　災害食の機能と備え — 新たな枠組みと制度改革

```
　　　　　　　　災害救助法
　　　　　　2011年3月11日夕刻
　　　　　　　厚生労働省は
　　　　　県を通じて市町村に通達
　　　「避難所での生活者を対象に国は
　　　　　　1人1日1,500円支払う」
　　「避難所で要した経費は市町村が立て替え払いし後に
　　　　　　県がまとめて国に請求する」
　　・・・・・・・・・・・・・・・・・・・・・・・・
　　　　　この法の適応は災害発生直後から
　　　　3日間，7日間 までをめどに設けられた
　　　　　　応急措置のはずであるが…
　　　　　　　現実はなんと遅いことよ！
```

図 4-18　機動性を欠く「災害救助法」食べ物の支給
ー東日本大震災の場合

表 4-12　弁当が支給された時期

主な被災地	開始時期	弁当支給		残り2食	価格
東松島市	3.26	山形の弁当業者	1食	パン，牛乳	600円
仙台市	3下旬-4月	—		—	
相馬市	4.18	シダックス方式	3食	—	500円
名取市	4.21	市内の弁当屋	1食	—	
石巻市	4.22	食品会社	1食	—	
南三陸町	5.23			—	
陸前高田市	6.11	陸前高田飲食業組合	1食	自衛隊救援物資	500円
気仙沼市	6.1	—	1食	—	

— は不明

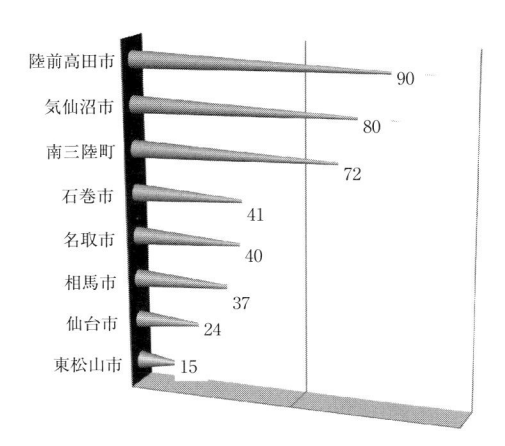

2．災害食の機能を問い直す―カンチガイな災害食

```
陸前高田市  ████████████████████ 90
気仙沼市    █████████████████ 80
南三陸町    ███████████████ 72
石巻市      █████████ 41
名取市      █████████ 40
相馬市      ████████ 37
仙台市      █████ 24
東松山市    ███ 15
```

図 4-19　市から弁当が 1 食支給された発災後からの日数

の支援が東日本大震災でも行われたが，その実情は以下のようであった。

東日本大震災では発令後の実施が遅くなったのは，電気，ガス，水道のライフラインがストップし，その回復を待ったため被災地で料理作りができなかったのが最大の原因であると考えられる。災害救助法で弁当が支給された概略を示した（**表 4-12，図 4-19**）。最も支給が早かったのは，東松島市の 2 週間後である。県をまたいで山形県の弁当屋から弁当をとっている。阪神・淡路大震災でも京都，大阪，奈良など県をまたいで弁当が届けられた。南三陸町，相馬市では 1 カ月後，陸前高田市，気仙沼市では 3 カ月後である。法の定めと現実はおおいにずれている。注目すべきは，支給されたのは 1 日 1 食であり，残り 2 食は聞き取り調査では明確な回答が得られず不明であった。東松島市が答えたように，パンと牛乳などの簡便食であろう。

災害救助法は，発災後 3 日まで，遅くとも 1 週間までと期日を切っているが，全く適合していない。金額も 1 食 500 円だが，3 食支給されていない。形骸化している。避難生活者が健康を保持できるよう改定しなければならない。そもそも弁当価格には人件費，光熱費などが含まれるのは当然としても，渋滞

69

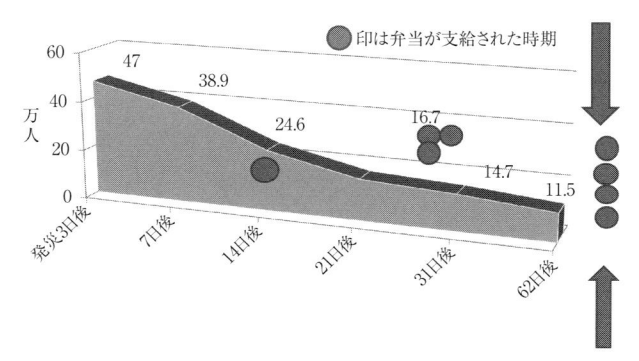

第4章　災害食の機能と備え ── 新たな枠組みと制度改革

```
万
人
60 ─ 47
40 ─     38.9
              24.6        ●印は弁当が支給された時期
20 ─              ●   16.7
                            14.7
 0                               11.5
  発災3日後 7日後 14日後 21日後 31日後 62日後
```

図 4-20　東日本大震災での避難所生活者の人数の推計

のさなか長い時間をかけての運搬費用まで含めると1食500円という金額では相当無理がある。請け負う業者は採算が取れないのではないか。

　費用の増額，スピードアップ，大型給食システム，経費後払い制度の見直しなど制度的な見直しが求められている。ある避難所の世話役が県をまたいで「道の駅」まで買い出しに出かけ，掛けで支払いをしたい旨を申し出たが，現金払いを要求されている。このようなつまずきも弁当の支給を遅らせている。しかも，発災当時50万人いた避難所生活者は大幅に減り，災害救助法の適応を受けた頃の人数は初期の10〜25%にまで減っていた（図4-20）。このような対応では避難生活者はまさにお気の毒である。このようにズレた施策は無策で今後繰り返さないように望みたい。スピード感と誠意ある抜本的改革がぜひ必要である。

　東日本大震災において避難所1カ所での最高避難生活者の人数を示した（図4-21）。避難所1カ所の最高人数は，東松島市では2,000人を超え，気仙沼市は1,500人，1,000人を超えたのは石巻市，岩沼市などである。一度に想像を絶する分量の食料を配ることは容易なことではない。

　では，首都圏の大地震の場合はどうだろうか。東京都の避難所生活者想定数は人口の35%と見積もって455万人である。23区で均等割りすると1区あた

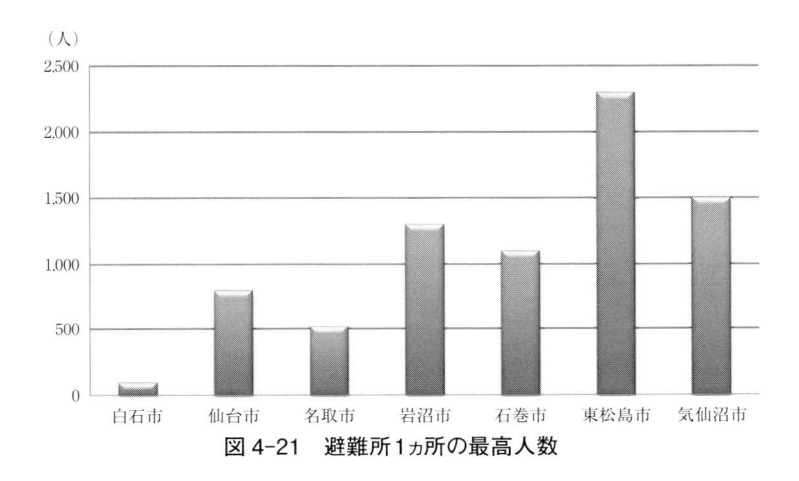

2．災害食の機能を問い直す—カンチガイな災害食

(人)

図 4-21　避難所1ヵ所の最高人数

り20万人である。東日本大震災の約8〜9倍の数にのぼる。そこに帰宅困難者が加わるために避難生活者はさらに約2倍になるであろう（図4-22，図4-23）。帰宅困難者には備蓄食品が別途用意されているとよく言われるが，1食分そこそこである。食料と飲料水が極端に不足すると想像される。

◆想定避難所生活者：455万人
　人口の35％＝1,300万人×0.35＝455万人
◆避難所1箇所　仮に1,000人とすれば200箇所
　455万人÷23区＝1区当たり平均20万人
◆23区全体で東日本大震災の場合の約8〜9倍
　の避難生活者がでる。

図 4-22　東京都 23 区想定避難者数

災害救助法の改正に向けて6つの提言を試みた（図4-24）。

これは経費が伴うので大変であるが，災害時に食べる「食べ物に特化した募金」のシステムを作れば，目的がはっきりしているのでお金が集まるのではないかと考える。

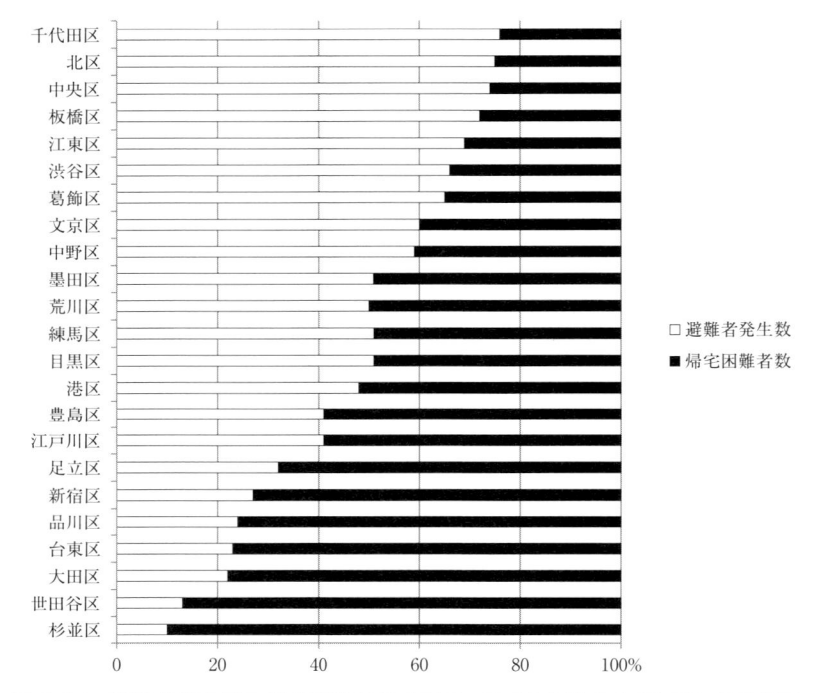

第4章 災害食の機能と備え ― 新たな枠組みと制度改革

図4-23 避難者発生数と帰宅困難者の合計を100とした場合のそれぞれの比率%

①災害救援基金の立て替え払い方式を改め，現金支払い方式に改めよ！
②災害時調理人専門職の養成
③飲食業専門集団への委託
④ライフライン欠損時の対策の具体化
⑤1日1食（東日本大震災）を3食にするためには災害救助法の基金を増額する必要あり
⑥「避難所生活者向け食べ物用義援金」を特化し別途に集める

図4-24 災害救助法の改正 ―6つの提言

3．避難生活者の食事と健康保持―どうすればよいか

3-1　理念の欠落

そもそも自治体の避難生活者の食事管理の方策には具体策が乏しい（図4-25）。

図4-25の左側の項目は避難所の役割を示したものである。大切ではあるが事務的で，避難所生活者の幸福を願う理念がみえにくい。

避難所生活者が風邪をひき体調不振で病気になり，せっかく助かった命を無為に落とすことがあれば，市民は気の毒である。図4-25の右側の内容は自治体が努力すべき責務である。自治体は市民に栄養をとらせ，健康を保持し，免疫力をつけ感染症を防ぐ，この3点をモットーにかかげ食生活に留意して避難所生活者を見守ってほしい。

東日本ではどうであったか。約1カ月弱経過した時期に避難所生活者を対象に栄養状態の調査が行われた。避難所生活者がおにぎり，パンばかりと嘆いていた通りの調査結果になった。でんぷんが主体の食事が長期にわたったので，食物繊維，微量栄養素―ビタミン，ミネラルなどが不足した（表4-13，図4-26）。すでに阪神・淡路大震災においてこの点を筆者は指摘したが，その教

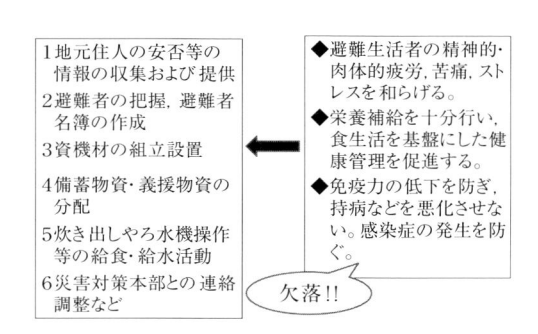

| 1 地元住人の安否等の情報の収集および提供
2 避難者の把握，避難者名簿の作成
3 資機材の組立設置
4 備蓄物資・義援物資の分配
5 炊き出しやろ水機操作等の給食・給水活動
6 災害対策本部との連絡調整など | ← | ◆避難生活者の精神的・肉体的疲労，苦痛，ストレスを和らげる。
◆栄養補給を十分行い，食生活を基盤にした健康管理を促進する。
◆免疫力の低下を防ぎ，持病などを悪化させない。感染症の発生を防ぐ。 |

（欠落!!）

図4-25　避難所の役割―避難所の設置項目
（千代田区防災ホームページより）

第4章　災害食の機能と備え ― 新たな枠組みと制度改革

表 4-13　宮城県避難所生活者の栄養状態

	目標	結果	充足率%
エネルギー	2,000kcal	1,564kcal	78
たんぱく質	55g	44.9g	81
ビタミンB_1	1.1mg	0.72mg	65
ビタミンB_2	1.2mg	0.82mg	68
ビタミンC	100mg	32mg	32

調査日：2011年4月1日〜12日（発災後3週間〜4週間後）
調査者：宮城県健康推進課調べ（管理栄養士が聞き取り調査）
調査対象：被害の大きかった沿岸部の332ヵ所の避難生活者
有効数266ヵ所　ちなみに2011年4月20日の避難所生活者＝3万9千人　避難所数＝332ヵ所

・充足率＝5つの栄養素のうち2つは約8割，しかしビタミンB_1，ビタミンB_2は65%，68%，ビタミンCは32%で低い。
・栄養不十分で食事だけでは健康維持ができない。
・この対応として，ある医師はビタミン剤を飲むように勧めている。サプリメントを販売する企業の支援の輪が広がり，F企業は避難所向けにビタミンを中心にしたサプリメントを寄付。O企業も同様。（4月12日）
・福島県南相馬市(原発30km圏内)には物資が一切入らなくなり兵糧攻め。食料確保が難しく，入院患者に食事が出せない。
・岩手県宮古市長談：食料，灯油，野菜不足。（4月5日）発災後約1月弱経過時の状態である。

◆ 量と質ともに問題　◆ 長期化が問題になった

図 4-26　発災後1ヵ月弱で栄養不足の実態が露呈
どう回避したか

訓は生かされていない。

3-2　栄養不足状態の回避方法

東日本大震災では，この調査結果を受けてビタミン剤が配布された（図4-26）。このような方法しか策はないのだろうか。今後に向けて作り手（食品業界）と買い手（自治体，住民など）の双方が栄養不足の回避を目指して努力してほしい。その方法を提言した（図4-27）。

3．避難生活者の食事と健康保持—どうすればよいか

食品業界に望むこと

◆災害用備蓄食品に栄養補強を！
◆普段食品に野菜を加え差別化を！

たとえば
・原料素材強化—パックごはん，おかゆ：
　　　　　　　白米よりも
　　　　　玄米　胚芽米　金芽米など
・材料配合強化—スープ，カレー，おじや，インスタント
　　　　　ラーメンなど野菜の種類を増やし，
　　　　　野菜の量を多めに
・ビタミン，ミネラル強化—ビスケット・クラッカー類，菓子類，
　　　　　野菜ジュースなど
　　　　　ビタミンとミネラル強化を

購入者に望むこと

◆味もだいじだが，味が同じなら
　表示をよく見て栄養リッチな食品を
　選ぶこと

図4-27　新しい施策

現在出回っている食品のなかには，

①原料の持つ栄養素を残した自然・健康志向の食品が多くみられる。胚芽を残した米など。
②現在人気のあるカレーやインスタントラーメン，スープなどの中には〝野菜たっぷり〟という工夫をした災害食がすでにある。選択時に健康志向を念頭に備蓄食品を選び，食品業界も「野菜，食物繊維，ビタミン，ミネラルなど」を多く含む食品作りを心がけて災害食を開発する。
③ビタミン，ミネラル（鉄，カルシウムなど）を添加，強化したグラノーラなども発売されている。選択時にこうした業界の努力を見逃さず，食品業界も災害食には栄養面の気配りがほしい。

第4章　災害食の機能と備え — 新たな枠組みと制度改革

4．地縁，血縁，鎖縁—人間関係の構築を

災害時には仲間が必要．1人では何もできない。共助という意味合いを考える（図4-28）。

関東大震災が起こったのは1923年の9月1日。現在この日は防災の日で震災訓練などを行っているが，関東大震災を忘れないようにという意味から記念日になっている。当時の共助の様子が寺田寅彦の作品から読みとれる（図4-29）。寺田はこの大地震に遭遇した日の3日後の朝，食べ物を入手するために早速板橋（現在の東京都板橋区）の縁者のところへ長男をやり，食料を無心

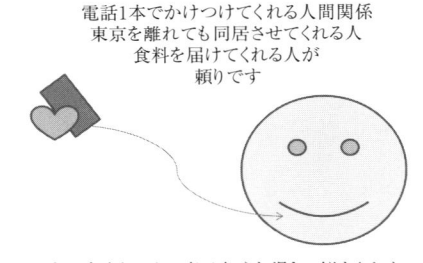

電話1本でかけつけてくれる人間関係
東京を離れても同居させてくれる人
食料を届けてくれる人が
頼りです

地方に身寄りのない者は飢えと渇きに悩まされた。

図4-28　教訓：地縁，血縁，鎖縁

- 朝9時から長男を板橋にやり，三代吉を頼んで白米，野菜，塩などを送らせる。
- 自分は大学の帰り道にミルクの缶，せんべい，ビスケットなどを買った。
- 焼けた区域ではあらゆる食料品店の店先はからっぽ。食料品の欠乏が波及していくさまが歴然とわかった。
- 午後4時にはもう三代吉の父親の辰五郎が，白米，サツマイモ，大根，茄子，醤油，砂糖などを車に積んで持ってきたので少し安心する事ができた。

文献22）寺田寅彦．地震雑感／津浪と人間．中公文庫．p.137. 2011.

図4-29　関東大震災　食料の調達　発災3日後

4．地縁，血縁，鎖縁—人間関係の構築を

地縁が生きていた	食べ物の工夫
・帰宅してみたら焼け出された浅草の親戚のものが13人避難して来ていた。いずれも何一つ持ち出すひまもなく，昨夜上野公園で露宿していた…。 ・11月3日僕のうちには妻の父，弟と妹，叔母の4人が焼け出され未だに滞在しています。大学では下宿をなくした学生のために急造のバラック宿舎を建てている。	・10月10日 大通りは飲食店だけがぽつぽつ仮小屋で商売をはじめているようで… ・10月20日 一面に屋台ができてゆであづき，うどん，すいとん，スイカなど。とんかつ，しるこ，すしなども。方々にできたバラックの大半は食べ物屋です。人間が原始的になって食うことが第一の要求だと見える。

文献22）寺田寅彦．地震雑感／津浪と人間．中公文庫，2011．p.145．p.160．

図 4-30　関東大震災の様子　発災当日

している。すでに食べ物が被災地の店から消え失せ，手に入らなかったからである。そしてその7時間後には早くも米や野菜，調味料が荷車に積まれて到着している。

当時は地縁が生きていた時代であったことが読み取れる（図 4-30）。寺田が自宅（本郷駒込曙町13）に帰ると焼け出された浅草の親戚が13人も避難して来ていたし，約1カ月後もまだ4人が滞在していた。すべて親戚筋である。

地縁は，現在でも「向こう3軒両隣」ということわざがあるように，引越しをした時の近所の挨拶周りはこの方式をとるのが通例ではなかろうか。わたしたちも6軒が1つの単位になってお互いをかばい助け合う制度を根づかせて推進してみてはどうか。

顔なじみをつくるのは難しいものである。自治体がきっかけづくりをしてくれれば，その気になるかもしれない。災害時は近所同士が輪をつくり助け合い励ましあうことが必要である。

災害が来る前に共助を始めなければ，起こってからでは遅すぎる。小さい単位で食料を融通しあい，水を分け合うことができたらよい。自治会，自主防災などの組織で力を注ぎ成果をあげることができればこれに越したことはないが，まずは身近にいる隣人同士の助け合いから始めることを勧めたい。

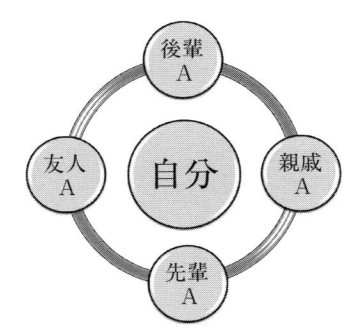

第4章　災害食の機能と備え ── 新たな枠組みと制度改革

図 4-31　家庭備蓄ネットワーク方式
　　　　　安全な場所に分散，仮置き依頼

　最近では社会保障の名のもとに個人レベルの助け合いは希薄になったが，先輩，後輩，友人など交友関係も頼もしい。日頃から助け合いをしておくといざという時にもうまく助け合える（**図 4-31**）。
　津波，火事などのために，リスクの少なそうな高台の家に頼んで備蓄食品や飲み物を避難させておくことを勧めたい。

5．食料，飲料水の住民備蓄を広げるための「条例」の制定

　住民に対して災害時のために食べ物と飲料（水）を備蓄しなさいという呼びかけの条例を施行している先駆的な自治体がある。その呼びかけの輪をもっと広げようではないかという提案をしたい。
　災害発生直後の大混乱のさなか，「棚からボタモチ」を決め込んで自分の責務を怠り，他人からの救援を期待する依存型人間があふれている。ボタモチ（牡丹餅）とは小豆の赤いあんを餅にからめたもので，それが勝手に棚から落ちてくるという幸運，都合のよいたとえである。阪神・淡路大震災の体験では自分の救済がまず先決で，とても他人に分け与える余裕はなかった。自分の手持ちの食べ物が全くなかったからである。したがって，「自己責任，頼れるの

5．食料，飲料水の住民備蓄を広げるための「条例」の制定

```
家庭生活者にも備蓄条例を発令している区
目黒区災害対策基本条例 6条2(1)
                    （平成21年3月）
■ 3日分以上の食料，
■ 飲料水9リットルを 確保すること

① 地区単位に防災集会を開き「皆やっているから私もやる」式の
  右にならえ方式の備蓄意識の高揚を。
② いつも どこでも リスク対策を徹底する。
③ 学校教育
```

図4-32　市民に備蓄条例で義務を課し備蓄を呼びかけよ

は自分だけ」という信念を持つことが大事である。そのことを自治体は条例ではっきり明記，広報し，住民に周知徹底することが減災につながる。

　災害に関する条例は，自治体によって呼び名が異なるが，災害時の約束ごとである。災害基本条例，災害対策基本条例，災害時市民条例，震災対策条例などさまざまな名前を付けている。これは，各地方自治体の議会審議を経て定める法律なので，法的な根拠を持つ。こうした条例を持つ自治体の中から食料と飲料（水）の備蓄に関してどのような内容かを目黒区の例で示した（図4-32）。東京都目黒区で2009年3月に施行した「目黒区災害対策基本条例」第6条2-1では，「区民は3日分以上の食料，飲料水9リットルを（備蓄により―著者挿入）確保すること」となっている。こうした具体性のある明確な指示が望ましい。すなわち，災害に備えて食料と飲料水を備蓄すること，その責務は以下の3者がそれぞれ担う（表4-14）。

1　住民自身の責務として―食料と飲料水の備蓄をする
2　事業所の責務として―食料と飲料水の備蓄をする
3　自治体（避難生活者，帰宅困難者に対して）の責務として―食料と飲料水の備蓄をする

　この内容を広報で周知徹底すれば備蓄することの自己責任の自覚と機運がより一層高まるであろう。ほかにも条例を制定している自治体が散見されるが，内容が理念や目的に終始し，実現するための具体策が乏しいケースが多々あっ

第4章　災害食の機能と備え ── 新たな枠組みと制度改革

表 4-14　災害時基本条例の制定─とくに食料と飲料水の備蓄を規定している事例

2013年1月4日現在

		住民	事業者	自治体	帰宅困難者＊	施行日
東京都	目黒区	○	○	○	○	2009年3月
	渋谷区	○	○	○	―	2009年2月
	港区	△	○	○	○	2011年10月
	杉並区	○	×	×	×	2002年3月
	荒川区	○	○	○	×	2002年3月
	板橋区	○	○	○	○	2002年4月
	練馬区	○	×	×	×	2004年4月
秋田県	秋田市	○	○	○	×	2012年7月
茨城県	龍ヶ崎市	―	―	―	―	2013年中実施を目指して進行中
神奈川県	横浜市	○	○	×	×	1998年2月
静岡県	静岡市	○	○	○	×	2012年2月修正
愛知県	豊田市	―	―	―	―	2013年実施に向けて検討中
	岡崎市	○	○	○	○	2012年10月

○は食料と飲料（水）の備蓄の責務を記載したもの　＊自治体が帰宅困難者に対して

たのは残念である。条例をまだ制定していない自治体は，ぜひ早急に条例制定を実現していただきたい。

　住民，事業所はややもすると日常生活に流され，災害がそこまで来ているのに気がつかない。リスクの大きさに気付かせて備蓄を促すことが行政の役割である。広域・大型・複合災害に見舞われた東日本大震災の教訓は，行政だけが全面的にその責務を担うことはもはや手にあまる難題であることをわからせた。この教訓を生かすためには，責務の分担と実行を呼びかけリスクの軽減策を急がなければならない。

６．火災に対する構え―食料と飲料水を無駄にしないため

　災害時に屋外に逃げ出し避難するときは，手ぶらではなく最小限，コンパクトなバッグに食料と飲料水を入れて持ち出すことを勧めたい。その際には，ぜひ防炎バッグにしたいものである。ここではなぜ防炎バッグがよいかについて考える。

　阪神・淡路大震災では火災による焼死者が死亡総数の１割にのぼるといわれる。とくに神戸市長田区では木造住宅が密集していたこと，消火作業に手間がかかったこと，可燃物の多い中小工場があったことなどから焼野原に近い状態になった。火はもちろん発火場所から飛び火して拡大した。焼失区域を示した（図 4-33）。

　また，今日とは建造物の構造，材質が違うものの，ここでは関東大震災（1923 年）の記録から火災について考察し，どうすれば食料と飲料水を火災による二次災害から守ることができるか考えた。関東大震災では発災後 42 時間焼け続け，日本橋以下図 4-34 に示す５カ所では特に被害が甚大であった。全焼戸数の比率は東京では 62％，横浜では 63％であった。関東大震災の避難民は人口 350 万人中 135 万人で 38％に相当する。この他に死者は５万 7,700 人といわれる。そのうち焼死者は全体の 90％である（図 4-35）。火災の被害が甚大であった。今後の災害では特に子どもたちに対する防炎の配慮が必要であろう（図 4-36）。

　首都圏直下地震の場合，東京 23 区での建物の想定倒壊総数を 100 とした場合「揺れによるもの」と「火災によるもの」を別々に比率％で示した（図 4-37）。23 区のうち火災原因による倒壊が 50％以上を示す区は 11 区で約 40％に相当する。これらの地区は帰宅困難者が移動する町でもある。もし火災が発生すれば，この町を通過したり留まることは二次災害に巻き込まれる恐れがある。一刻も早く立ち去るほうが賢明な場合もある。

第4章　災害食の機能と備え — 新たな枠組みと制度改革

大津 暢人ら，関西学院大学紀要．防災復興研究，No.3, 2011.

図4-33　神戸市長田区の火災による焼失区域

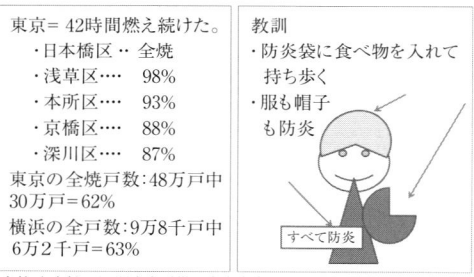

東京＝42時間燃え続けた。
・日本橋区‥全焼
・浅草区‥‥98％
・本所区‥‥93％
・京橋区‥‥88％
・深川区‥‥87％
東京の全焼戸数：48万戸中
30万戸＝62％
横浜の全戸数：9万8千戸中
6万2千戸＝63％

教訓
・防炎袋に食べ物を入れて持ち歩く
・服も帽子も防炎
すべて防炎

文献3）吉村 昭．関東大震災，文春文庫，2011, p.75-76.

図4-34　関東大震災－火事

◆東京人口：370万人
◆避難民＝135万6千人
　人口比は67％（死者7万人除く）
◆避難場所　寺の境内，神社，公園，空地，小中学校など
◆東京の死者
　・焼死者：52,000人
　・溺死者：　5,000人
　・圧死者：　　700人
　　　　計　57,700人

文献3）吉村 昭．関東大震災，文春文庫，2011.

図4-35　関東大震災で家を失った市民

6．火災に対する構え—食料と飲料水を無駄にしないため

図4-36　災害食を入れる防炎バッグ

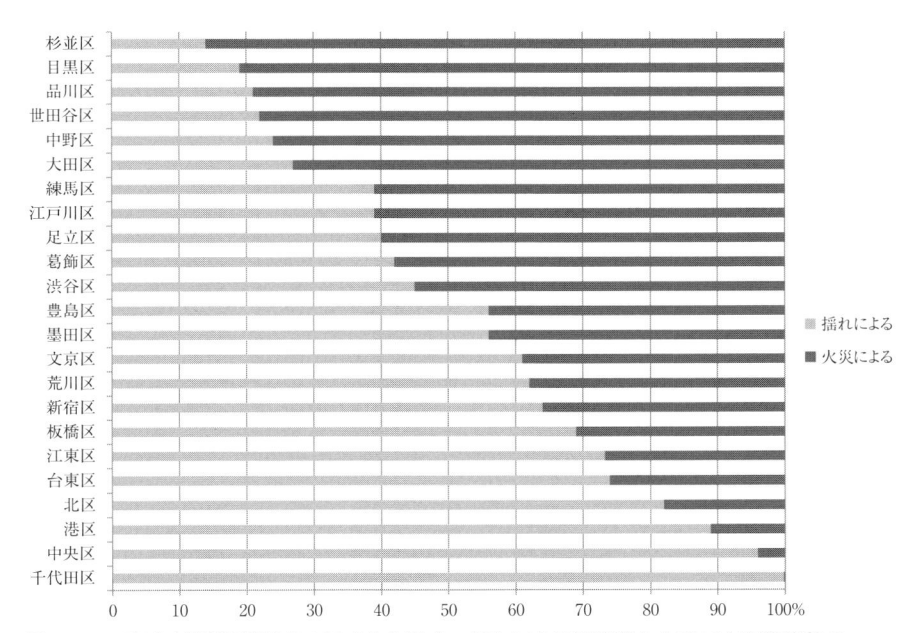

図4-37　東京都倒壊総数を100とした場合，揺れによる倒壊数と火災による倒壊数の比率％

関東大震災では、避難時に多くの荷物を荷車に乗せて避難した。飛び火した火が荷車を襲い、避難者の着物に移り次々に焼死した。避難場所である公園や広場は瞬く間に火の海と化した。我先に川や海に飛び込むもの、それらが折り重なって圧死した模様が伝えられている。

避難時に備蓄食品や飲料水をどのように持ちだすのか、その方法も知らせる。

①飲料水500ml入り2〜3本程度
②腹の足しになるビスケット、缶パン、レトルトのおかゆなど3品程度
③心の足しになる菓子類3品程度
④プラスチック使い捨てコップ1つ
⑤箸かスプーン、ティッシュ　若干
⑥重量が軽いこと、かさばらないこと
⑦逃げ遅れないこと

7．災害の準備教育

7-1　マチガイだらけの防災教育

災害教育が真剣に行われていないのではないか、リスク管理が手ぬるいのではないか。本気でやっていないのではないか、という懸念がある。

まず、疑問に思うのは炊き出し訓練の様子である。東京のある小学校の避難訓練の炊き出し風景であるが、昼近くになると保護者たちがアルファ米に熱湯を注ぎご飯にする。使い捨て容器を並べて盛り付け、食べる。そして行事予定が終了するが、この様子は誠におかしい。

①水はどこからどのように入手したのか。
②水の沸かし方、用具と熱源はどうしたのか。
③どのようにしてアルファ米をご飯にしたのか。

集まった人々には理解できない。手早く昼飯を提供したに過ぎない。

これと同じことがあらゆる場所で行われている。過日ある小学校が学校ぐる

7．災害の準備教育

みで避難訓練をした。家庭科室で先生がやかんに水道水を入れて湯を沸かし，玄関口に運んできた。もちろん都市ガスを使用している。保護者はアルファ米の封を切って待っている。保護者が熱湯を注ぐ。食べてさっさと終了する。

そうではなく最初から丁寧に段取りを踏んで試すことを勧めたい。
① 倉庫の鍵を探すところから訓練しなければならない。
② 倉庫を開けてアルファ米の段ボールを運び出す。
③ 何で火を起こすのか，それはどこにあるのか。
④ 必要な水を保管場所から運び，必要量を概略計測する。
⑤ 適当な鍋かやかんに水を入れて沸かす。何分かかるのか。
⑥ 屋外は風よけがなくてもできるのか。
⑦ 熱湯をアルファ米の袋に注ぎ込み，戻り時間を見ながら出来上がりを待つ。
⑧ どの容器に入れて分配するのか。
⑨ 通常の方法ではなく，災害時の方法で訓練しなければならない。

また，備蓄していた食料をチェックする絶好の機会でもある。
① 備蓄していた食品を食べてみることが大事である。2, 3種あるなら全種類手分けし食べてみる必要がある。賞味期限内でも何かの理由で変質していないか。丁寧によくチェックする。
② 味はよいか，不都合な点はないか，せっかくの機会だからよく吟味すべきである。
③ 分量は適切か。残飯がなぜ多く出たのか。ごみの処理はどのようにするのか。
④ 飲み物の分量はどうか。
⑤ 食べた後の感想はどうか。
⑥ アレルギーなど不適合な子どもには何を与えるか。もし備蓄がないなら今後どうするか。
⑦ 保健室で寝ていた腹具合の悪い子どもには何を与えるか。病人用の備蓄が必要ならそれを追加して備蓄することが必要。
⑧ もし数量が足りない場合はどうするか。追加して備蓄する必要があるのか。

第4章　災害食の機能と備え ― 新たな枠組みと制度改革

```
┌─────────────────────────────┬─────────────────────────────┐
│ ■ 自然の法則は人間の力        │ ■ 1年もたたないうちに忘れていて高 │
│   ではまげられない。          │   価なレッスンも何にもならないと‥│
│ ■ 小さい時から学校教育する。  │ ■ われわれの周囲の文明は「炬燵を │
│   講演会で知らせることが大切。│   抱いて氷の上に座っているような │
│ ■ 昔の人は過去の経験を語りによ│   心持がする」                   │
│   って伝えてきた。            │ ＊安政の地震                     │
│ ■ 地震のとき，子どものときから母に│   ・1853年小田原中心大震災      │
│   何度となく聞かされていた土佐の│   ・1854年伊賀上野大震災安政元年│
│   安政地震＊のことを思い出した。│   ・ 〃　東海地方大震災津波      │
│ ■ 今自然の驚異を馬鹿にして偉ぶって│   ・ 〃　南海地方大震災         │
│   いる。自然を侮っている。    │   ・1855年　安政江戸地震          │
│   自然からのお返し。          │     10月2日夜10時                │
│                               │     人口115〜120万人              │
│                               │     当時電力，ガス，水道なし，    │
│                               │     鉄道なし。                    │
└─────────────────────────────┴─────────────────────────────┘
```

文献22）寺田寅彦，地震雑感／津浪と人間，中公文庫，2011，p.18, p.65, p.129, p.158.

図 4-38　関東大震災の様子と教育

　寺田は関東大震災のとき，子どものときから母に何度となく聞かされていたことが思い出されて役立ったこと，小さい時からの学校教育が必要であることを述べている（図 4-38）。

7-2　備蓄食品と飲料の選択と購入―住民への啓蒙・介助が必要

　住民にどのような食料を備蓄すればよいか，その内容やコツを知らせることが必要である。おいしく，安く，使いやすい食品が多く出回っているが，災害食は目に触れる機会が少なく，また一般に販売していないものも相当あるので，何を買えばよいかわからないという。なかでも高齢者，男性，介護食，病人食，アレルギー該当者にはとくに入念に知らせ指導する必要がある。具体的な入手方法，購買方法などを「誰が」「どこで」「どのような方法」で手伝うのか。

　「誰が」―近隣，自治体，保健所，自主防災組織，企業のフェア，商店街特
　　　　　別企画など。
　「どこで」―自治会の集会所，保健所，町の文化施設，市・町の役所，町の
　　　　　集会所，防災訓練の場所，公園，講演会場など。

表 4-15　3日間の備蓄食品
なるべく飽きがこないように多様で質の高いものをいろいろとり混ぜる

		主食	魚か肉のおかず	野菜のおかず	デザート
4日目	朝	グラノーラ	さんまのかば焼き 缶	ポテトサラダ 缶	ミカン 缶
	昼	ぞうすい缶	シーチキン 缶	煮豆	パイナップル 缶
	夕	おかゆ	やきとり 缶	切り干し大根	ミックスケーキ 缶
5日目	朝	ぞうすい缶	サバの味噌煮 缶	ひじきの煮物	一口ようかん
	昼	パン 缶	おでん 缶	コーン 缶	みつまめ 缶
	夕	ぞうすい缶	やきとり 缶	五目豆	ケーキ 缶
6日目	朝	パン 缶	ソーセージ 缶	ポテトサラダ 缶	ようかん 缶
	昼	レスキューフーズ	カレー レトルト	味噌汁 缶	ビスケット 缶
	夕	ぞうすい缶	イワシのトマト煮	筑前煮	プリン 缶

缶, レトルトいずれも可。レスキューフーズ（ご飯―パックご飯　カレーはレトルト　味噌汁は缶　発熱式）

「どのような方法で」―注文～配達～期限切れの入れ替えを一貫して代行する業者がほしい。かつて昔「富山の薬売り」は各家庭を巡回し在庫管理をしていた。電話，ファックス，メールなどの方法で家庭に食料と飲料を届けてくれるシステムがほしい。災害食（介護食，病人食，高齢者食，アレルギー食いっさいがっさい）の特配センターという名の災害食専門店がほしい。もちろん事業所もおおいに利用できる。専門のコンサルタント，たとえば災害食に詳しい専門家，栄養士などが食品の選択に関与する。

ここでは個人用備蓄をする時の参考に3日間の備蓄食料献立を示した（**表4-15**）。

災害時は非常時なのでとりあえず食べられればよいと簡単に考えがちであるが，そうではなく，備蓄段階で計画性が必要である。健康維持のかなめとしての食事の大事さを認識し，主食＋副食（魚・肉・野菜）＋デザートの組み合わせで日常に近づけた型の食事スタイルをなるべく守ることが望まれる。しかも普段よりも少し上質なもの，食物繊維や微量栄養素を豊富に含むものなどが望ましい。たとえば，某社グラノーラにはビタミン B_1，B_2，ビタミン A，葉

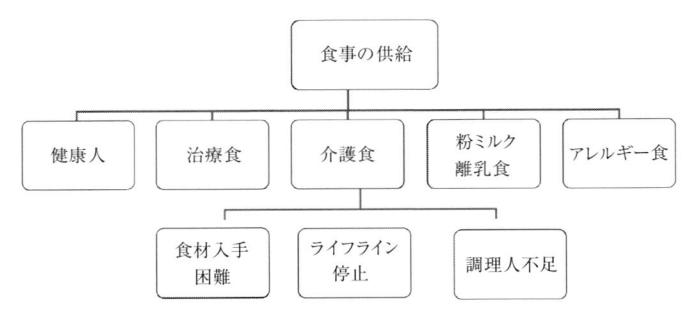

第4章　災害食の機能と備え ── 新たな枠組みと制度改革

```
           食事の供給
    ┌────┬────┼────┬────┐
  健康人  治療食  介護食  粉ミルク  アレルギー食
              │    離乳食
        ┌────┼────┐
      食材入手 ライフライン 調理人不足
       困難   停止
```

図 4-39　なにを備蓄すればよいか　数と質の吟味

酸などが強化されている。

　食べ物の量が不足するので，少量でも栄養が多く含まれるものを備蓄することが求められる。「量が少ないので質を高める」よう心がける。自分の体の状態に応じた食べ物を選択することが何より大切である（**図 4-39**）。また，精神の動揺を抑え，平常心を保つためにも上質でバランスのとれた食事が好ましい。

　忘れがちなのが乳児の粉ミルクである。東京 23 区における粉ミルクを溶く飲料水と粉ミルクの備蓄状況の例を示した（**表 4-16**）。粉ミルクは乳児 1 人 1 日約 125g 位必要である。溶く水は粉ミルクの約 8 倍必要である。これこそ粉ミルクと飲料水をセットで備蓄しなければ使い物にならない。哺乳瓶の洗浄用にも余分に必要である。カセットコンロ（大田区の例）なども要る。

　備蓄をしない理由を調べると，「お金がない」「置き場所がない」「面倒くさい，手間暇かかる」の 3 つの理由があげられる。確かにその通りかもしれない。しかし，安物で品質の悪いものを備蓄すると賞味期限切れにゴミ箱行きになる。食べ物を無駄にしないことがなにより大切である。そのためには，おいしいものを備蓄することを勧めたい。さらに，おいしいものは災害時に受けるストレスを和らげ心身ともにリラックスさせる（**図 4-40**）。

　どこに備蓄食品を置くかを示した（**表 4-17**）。

表 4-16　乳児の粉ミルクと溶く飲料水はセットで備蓄せよ

	粉ミルク	水の ペットボトル	哺乳瓶	カセットコンロ
世田谷区	1,728缶アレルギー対応216缶	1.5L 4,432本		
大田区	3日分	60L		○
荒川区	60缶アレルギー対応もあり	5L入り　60本	1,460本	
文京区	1缶320g 1,600本		Mサイズ1,500本 Sサイズ750本	
江東区	976缶	3,300本	約4千人：850gの缶610缶	
港区	○			
台東区	○			
墨田区	○			
品川区	○			
北区			○	

粉ミルク1人1日125g
溶く水：約1リットル必要
3日間で3リットル

```
ストレス緩和:
リラクゼーション　癒し
おいしいもの　自分の好きな物を食べて
ホッとすること大事
```

```
興奮状態:
恐れおののきでノルアドレナリンが多くでて
オーバーヒートする
沈静化するにはトリプトファン
おかずが必要
おにぎりだけでは駄目
```

```
災害障害(PTSD):
災害発生により脳の海馬機能が低下し
ストレスホルモンがでて行動がチグハグになる
```

図 4-40　おいしい食事はストレスを和らげる

表4-17 いつでも，どこでも，常に，四六時中備蓄をこころがける

	通勤・通学時バッグ	勤務先通学先ロッカーに	お出かけ時バッグに	就寝時枕元に	避難所へ行く時持参する
腹の足しになるもの	○	○	○	○	○
飲料水	○	○	○	○	○
おかず肉魚		○		○	○
おかず野菜		○			○
デザート		○		○	○
腹が膨れ力の出る主食		○		○	○
置き場所	バッグ	ロッカー引出空き部屋	バッグ	背負いバッグ	背負いバッグ

8．提言・まとめ

災害食の機能と目標

①飢えと渇きを抑える。

②精神的な安定・癒し・ストレス軽減。

③健康保持・元気回復・免疫力の向上・栄養補給。

④治療食，介護食，高齢者，乳幼児が望む食べ物の供給・悪化の回避。

⑤災害発生後から日常の食事に回復するまでの期間すべてを指す。

災害食の欠落部分からの脱却

①スピード感が欠如。

②日常食以下で食べづらい。

③冷たい。

④分配が少なく飢える。

⑤飲料水がない。

⑥栄養が乏しい。

⑦1日も早く日常食に戻ろうとする努力の欠如。

抜本的制度改革

①災害食と飲料水の個人備蓄を促す条例の制定。自己責任の制度的徹底，自己備蓄の責務を制度化。

②炊き出し対策—大規模避難所の具体策。

　多様な方法を認める。柔軟な対応ができる抜本改革，経費支給迅速化と現金支給。

③手遅れの「災害救助法」の抜本改革—発災直後に役立つ運用に向けて。

　適応が遅い，1日1食限りで1日3食供給されるケースが少ない。これを改める。費用前払い方式。

　多様な対応を認める。細目規定がほしいが不明。

④募金のあり方—一般募金が食事支援に回ってこない。

　募金の特化—避難所の食料，飲料水用として別途募金枠を設ける。

　食品業界の募金活動ネットワーク—避難所支援活動に使う。

⑤救援食料の計画化—受け入れ物資の段階別内容制限。

　第1段階—1週間まで　温かいおにぎり（漬物，のり，梅干つき）。

　　　　　　　　　　　温かいハンバーガー。

　　　　　　　　　　　みかん，バナナなど。

　　　　　　　　　　　すぐ食べられる缶詰，レトルトなど（たとえばおかゆ，おいしいおかずなど）

　第2段階—2週間まで　乾物（アルファ米，ラーメン，フリーズドライ食品など）

　第3段階—3週間ごろ　野菜，リンゴなど生鮮食料品。

　　　　　　　　　　　米，調味料などなるべく料理用の素材が必要，それ以外は不要。

　第4～5段階　不要。

　第1段階で手厚く→次第に手薄に。

⑥備蓄食品の品質管理向上。備蓄食品審査委員会の設立。品質評価と推奨制度。

第 4 章　災害食の機能と備え ─ 新たな枠組みと制度改革

備蓄，減災教育の推進

災害と食のリスク管理の教育を徹底させる．災害は生き延びる実戦の場であり，欠かせない社会訓練の場でもある．学校教育，とくに低学年から興味を持たせ考えさせる時間と場を設定．他人事でなく，自分事として真剣に取り組んでほしい．

参考文献
1) 宇佐美龍夫．江戸被害地質史，東京大学地震研究所彙報，Vol.51. 1976.
2) 北原糸子．地震の社会史，講談社学術文庫，2000.
3) 吉村　昭．関東大震災，文春文庫，2011.
4) 奥田和子．東日本大震災からの学び―飲料水と食料の不足，Kewpie News，450 号，8，キユーピー KK．2011.
5) 奥田和子．缶詰時報，災害時の食を支える缶詰，レトルト食品，なにが求められているか，Vol.91, No,12. 2012.
6) 奥田和子．働く人の災害食―神戸からの伝言，編集工房ノア，2008.
7) 奥田和子．震災下の「食」―神戸からの提言．NHK 出版，1996.
8) 奥田和子．新潟・中越地震が語る「震災下の食」―阪神・淡路大震災の教訓は生かされたか前編，食の科学，No,327，2005．後編，食の科学，No,327，2005.
9) 新潟大学地域連携フードサイエンス・センター編．これからの非常食・災害食に求められるもの，光琳，2006.
10) 奥田和子．新型インフルエンザ・パンデミックの食料と飲み物の備え，New Food Industry, Vol.50，No,7，2008.
11) 奥田和子．災害時の高齢者，乳幼児の健康危機管理と栄養士の役割，New Food Industry, Vol.51，No,8，2009.
12) 東京商工会議所．できるゾウ！できるカモ？災害対策　従業員の家庭での食糧備蓄（奥田和子）2009，3.
13) 奥田和子，佐治　義人．新型インフルエンザがやってくる！あなたもお手つだいしてね，福田印刷工業，2009，1.
14) 奥田和子，別府　茂．新型インフルエンザ発生直後の食対応報告書，2009，10.

15) 奥田和子．全国防災まちづくりフォーラム，貴重講演，災害・新型インフルエンザに備える『食』の知恵～家庭・対応現場，内閣府・浜松市主催，2009, 8, 23.
16) 奥田和子．ちば減災塾　基調講演　新型インフルエンザ流行時，大災害が襲来したら？脅かされる食，2009, 10, 10.
17) 神戸市市民参画推進局市民生活部消費生活課．新型インフルエンザ発生時における消費行動調査，2009, 9, 28.
18) 静岡県地域防災—自主防災活動，家庭の対策徹底，社会秩序を維持する活動，2008, 6.
19) 新潟大学地域連携フードサイエンス・センター編．災害時における食と福祉，5．光琳，2011.
20) 奥田和子，村井利彰．特別対談生きるため災害と食を考える，東日本大震災，Ori Ori 震災特別号，ニチレイKK, 8, 2011.
21) 奥田和子．和食ルネッサンス「ご飯」で健康になろう，同時代社，12, 2011.
22) 寺田寅彦．地震雑感／津浪と人間，中公文庫，2011.

責任編集者

門脇　基二（かどわき　もとに）　新潟大学副学長，地域連携フードサイエンスセンター長，大学院自然科学研究科（農学部）教授
専門：栄養生化学，食品科学

藤村　忍（ふじむら　しのぶ）　新潟大学地域連携フードサイエンスセンター事務局長，大学院自然科学研究科（農学部）准教授
専門：食品科学，栄養化学

執　筆　者

服部　佳功（はっとり　よしのり）　東北大学大学院歯学研究科教授
専門：加齢歯科学

守　茂昭（もり　しげあき）　一般財団法人 都市防災研究所上席研究員
専門：都市防災

別府　茂（べっぷ　しげる）　ホリカフーズ株式会社取締役，新潟大学大学院客員教授，防災士
専門：食品加工学

奥田　和子（おくだ　かずこ）　甲南女子大学名誉教授
専門：食デザイン論（危機管理下の食料備蓄論・食文化論など）

災害時における食とその備蓄
－東日本大震災を振り返って，首都直下型地震に備える－

2014年（平成26年）8月1日　初版発行

編　者	新潟大学地域連携フードサイエンスセンター
責　任	門　脇　基　二
編集者	藤　村　　　忍
発行者	筑　紫　恒　男
発行所	株式会社 建帛社 KENPAKUSHA

〒112-0011　東京都文京区千石4丁目2番15号
TEL（03）3944-2611
FAX（03）3946-4377
http://www.kenpakusha.co.jp/

ISBN 978-4-7679-6177-4　C3036　　　　　三美印刷／常川製本
© 新潟大学地域連携フードサイエンスセンター，2014.
Printed in Japan.
（定価はカバーに表示してあります）

本書の複製権・翻訳権・上映権・公衆送信権等は株式会社建帛社が保有します。
JCOPY〈(社)出版者著作権管理機構　委託出版物〉
本書の無断複写は著作権法上での例外を除き禁じられています。複写される場合は，そのつど事前に，(社)出版者著作権管理機構（TEL03-3513-6969,
FAX03-3513-6979, e-mail : info@jcopy.or.jp）の許諾を得て下さい。